www.tredition.de

AF153852

Adalbert Rabich

Der Einklang von Körper und Geist, das Geborgensein in der Heimat

Aspekte des Heimatgefühls

© 2020 Adalbert Rabich

Verlag & Druck: tredition GmbH, Halenreie 40–44, 22359 Hamburg

ISBN

Paperback:	978-3-347-01148-9
Hardcover:	978-3-347-01149-6
E-Book:	978-3-347-01150-2

Bibliografische Information der Deutschen Nationalbibliothek:

Die Deutsche Nationalbibliothek verzeichnet diese Publikation in der Deutschen Nationalbibliografie; detaillierte bibliografische Daten sind im Internet über http://dnb.d-nb.de abrufbar.

Der Einklang von Körper und Geist[1],
das Geborgensein in der Heimat.

Aspekte des Heimatgefühls.

Dr.-Ing. Adalbert Rabich, 2020

---

[1] Aus einem Hotel-Prospekt *zur Steigerung von Kreativität und Energie für den Alltag* im Urlaub. https://www.allgaeu-top-hotels.de/geschichten-aus-dem-allgaeu/top-aktuell/heimatgefuehl.html?page_a113=5

Inhaltsverzeichnis

Anmerkung:

Es sind in den **Fußnoten** zahlreiche Zitate mit Quellen aufgeführt. Sie können der Erweiterung und zum Weiterfolgen der Gedanken dienen. Einige sind in Kurzform tinyurl.com aufgeführt.

Abstract

Der Mensch ist seit jeher während seines Lebens vielfältigen Gefahren ausgesetzt und sucht davor Schutz, wozu er die im Laufe der Zeit gesammelten Erfahrungen nutzt, die in seinem Gedächtnis gespeichert sind. Hierzu gehören von klein auf die Erlebnisse aus den und die infolge der Auseinandersetzungen mit der Umwelt entstandenen. Die Herausforderungen sind zu bewältigen, aber nicht immer gelingt das. So wechseln die Gefahren und die Erfahrungen, wobei man sich gern auf seine Geschichte, die Erinnerungen bezieht und vor allem auf das, was in der Zeit des Erwachsenwerdens geschah, was einem Ruhepol mit Stabilität und Vertrauen[2] in dem oft von Spannung geladenen Jetzt gleichkommt. In Krisen besinnt sich der Mensch der Möglichkeiten des Geborgenseins, darunter der der Heimat.

Das Verlangen nach Schutz ist eines der Motive, was einen Menschen im Innern bewegt, weshalb zunächst die Gefühle als handlungsbestimmende Motive betrachtet werden. Dabei ist bei zahlreichen Menschen dieser Erde das Verlangen nach Wohlbefinden wichtig, wenn Existenzangst im Dasein nicht mehr überwiegt. Das Sicherheitsgefühl kann Voraussetzung sein, wie sie vielleicht ein Staat bieten kann. Die Sehnsucht kann im Heimatgefühl befriedigt werden, aber es ist unbekannt, wie hoch der Anteile in der Menschheit dieses besitzen, auch wenn der Heimatverlust als Gegenstück erwähnt werden muss, der nicht selten zwangsweise herbeigeführt worden ist. Dann kann eine Sprach- oder Kulturbarriere eine Hürde sein, sich am neuen Ort heimisch zu fühlen.

Heimat und Heimatgefühle sind nicht eindeutig bestimmt, im Gegenteil, ihre Unbestimmtheit ist Anlass, darüber nachzudenken und es – je nach Autor – zu interpretieren. Da die Heimat faktisch einen definierten subjektiven Geschichtsort darstellt, kann sie in Anbetracht der Zeit des Dritten Reiches als national vorbelastet angesehen werden, als Gefühlshebel gegen das Internationale oder die Fremdstaatlichkeit, weshalb sie nach Ansicht einiger zu verdammen sei. Dies aber würde dem Heimatbewusstsein nicht gerecht, wie speziell ausgeführt wird. Auch heute noch hat Heimat im Sinne von Volksliedern usw. in der Kultur seine Berechtigung, ja diese ist von Bedeutung, wenn die Heimat in Bedrängnis ist.

Das Heimatgefühl kann zwar als Problem der Politik angenommen werden, weil es die Globalisierung und Nomadisierung unseres Zeitalters stört, aber der Verstand und die Vernunft sprechen gegen die Anti-Propaganda, denn das Staatengefüge unserer Welt weist auch Heimatfeinde auf, wie fanatische Anhänger von gewissen dogmatischen Lehren, wie auch aus der Weltgeschichte abgelesen werden kann. Warum sollte Tradition plötzlich etwas überholtes sein beim Fortschreiten unserer Entwicklung? Hier kann man in unserem Land die Heterogenität der Auffassungen über Heimat, der Anerkennung von Heimatmuseen, ja der Familie als Ort die Stätte von ursprünglicher Heimat erkennen.

Die Heimat als Begriff passe nach Meinung nicht in unsere moderne Gesellschaft, sie sei durch übergeordnete Leitworte der Menschheit zu ersetzen wie Menschenrechte und Würde. Aber ein Recht auf Heimat ist auch ein Menschenrecht und Heimat ein hohes Gut. Der Heimatlose denkt manchmal anders, ja sogar flüchtig und versucht, andersdenkende zu beeinflussen, bisher mit beschränktem Erfolg. Generell sollten wir Bewährtes nicht als nachrangig abwerten, weil es doch eigentlich Basis unseres kulturellen Daseins ist.

---

[2] Urvertrauen, https://de.wikipedia.org/wiki/Urvertrauen

Heimat als Ganzheit

Der Mensch ist ein lebendes und gestaltendes Wesen und als solches eine Ganzheit. Er nimmt Heimat nicht in seinen einzelnen Aspekten, sondern als Ganzes und bewusst wahr. Schon Platon sagte: *Die Behandlung eines Teils sollte nie versucht werden ohne die* **Behandlung des Ganzen**. *Es sollten keine Bemühungen unternommen werden, den Körper ohne die Seele zu kurieren. Lass Dich von niemanden überreden, den Kopf zu heilen, bevor er Dir nicht die Seele zu heilen gegeben hat. Denn das ist heutzutage in der Behandlung des menschlichen Körpers der große Fehler, dass Ärzte als erstes die Seele vom Körper trennen.* "[3] Allerdings hatte der Philosoph noch die Vorstellung, dass Gefühle ein Bestandteil davon seien.[4] Heute wird die Auffassung vertreten, dass der Mensch eine Einheit von Seele und Körper sei und für einige erst in religiöser Weise mit dem von Gott geschaffenem Geist zur Ganzheit komme.[5]

Vom 17. bis 20. Jahrhundert behandelte man medizinisch Körper und Seele getrennt, dann forschte man in der **Psychosomatik** weiter. Die wechselseitige Beeinflussung gehört heute zum Alltagswissen. Vielen ist die Wirkung von Depressionen auf den Körper klar oder das Zusammenspiel von Stress mit Rückenschmerzen. *Die Gefühle und Gedanken, die im Kopf entstehen, sind abhängig vom Körper.*[6] Eine unbefriedigte **Sehnsucht nach der Heimat** kann zu Melancholie führen.[7] **Heimweh** ist keine Krankheit, jedoch können Begleiterscheinungen schließlich zu einer zu behandelnden Depression ausarten. Das Fehlen des Vertrauten ist meist nur vorübergehend wie bei Kindern, die verschickt worden sind, bei Bewohnern in einem Pflegeheim. Lebten die Heimbewohner früher in einem bekannten sozialen Umfeld, so ist im Heim alles und jeder fremd, man wird beobachtet.[8]

Es ist nicht die große Welt, die man als Heimat empfinden und in Erinnerung behält, sondern der Ausschnitt eines begrenzten geographischen Raumes, den man ganz genau wiedererkennt. Heimat ist dann das Ganze, was man subjektiv erfasst hat, dessen man bewusst geworden ist.[9] Es ist das Bild eines Beziehungsfeldes mit vielen Einzelheiten, die womöglich in Gestalt und Bedeutung und Gedanken, die man sich über diese Gedanken gemacht hat.[10] Ist es ein begrenzter, ein **romantisch idealisierter Teil der Lebensgeschichte** eines Individuums? Entsteht so ein Mythos dieser Welt, dem einst im Glauben das Großartigste und Geheimnisvollste zugeschrieben wurde und das verkommt in Kriege, Terrorakten, schlimmsten Errungenschaften unserer menschlichen Technik? Heimat kann der Ausgangspunkt von Lebensphilosophie werden, wenn man es denn will.[11]

---

[3] Platon, Der Staat, 380 v. Zeitrechnung https://de.wikipedia.org/wiki/Politeia https://de.wikipedia.org/wiki/Platon

[4] https://www.deutschlandfunk.de/antike-vorstellungen-von-koerper-und-seele-wie-ein.1148.de.html?dram:article_id=353981 In der Antike war Seele in den Körperteilen https://www.seele-und-gesundheit.de/psycho/gefuehle.html seelische Gefühle sind unmittelbare Wahrnehmungen

[5] https://de.wikipedia.org/wiki/Geist https://www.born-und-partner.de/ganzheit.html

[6] https://www.zeit.de/zeit-wissen/2013/03/koerper-psyche-gefuehle-gesundheit

[7] https://de.wikipedia.org/wiki/Heimweh https://www.udo-leuschner.de/sehn-sucht/sehn-sucht/s02heimweh.htm

[8] https://alzheimer.ch/de/alltag/lebensraum/magazin-detail/480/die-sehnsucht-nach-dem-vertrauten/

[9] https://www.jstor.org/stable/40876149?seq=1 Wilhelm Brepohl 1952

[10] https://markeninstitut.wordpress.com/2008/03/22/die-gemein

[11] https://www.spiegel.de/spiegel/spiegelspecial/d-13536543.html Johannes Saltzwedel,37, 1999

Der Einklang von Körper und Geist[12],

das Geborgensein in der Heimat.

Prolog.

Der Titel eines neuen Buches von einem bekannten Journalisten mit dem Titel „Identifiziert Euch!" sollte zum Nachdenken auffordern, insbesondere seine Ansicht, wie der Deutsche ist und sein sollte, nämlich zunächst Mensch und dann erst einer mit Nationalität, einer, der sich zu **politisch propagierten Werten** nicht nur bekennt, sondern sie als bestimmendes Merkmal seiner Identität mit dem Volk „lebt", wozu man ein **neues Heimatgefühl** brauche. Ist dieser kosmopolitische Journalist berufen, hier der Bevölkerung zu sagen, dass sie den gängigen Heimatbegriff als altertümlich ablegen soll und wie sie die humane demokratische Gesellschaft zu sehen habe. *Gerade wenn Argumente wie von einem gewieften Journalisten sehr geschliffen daherkommen, sollte die Wachsamkeit des Lesers umso mehr gefordert sein!*[13]

Der Schreiber, der erst zum Deutschen wurde[14], findet eine besondere Schwachstelle im Staats-System, nämlich, dass *Rechte Demagogen einen immer größeren Raum einnehmen* und deshalb kommt bei ihm mehrfach die AfD als auszumerzendes Element vor.[15] Sein Appell resultiert somit in der Forderung, *jenseits von Ethnien Verantwortung zu übernehmen. Jeder ist Teil einer Gemeinschaft, die er berücksichtigen muss.*[16] Damit eine Gemeinschaft funktioniert, müssen sich ihre Mitglieder zu Normen, zu **Werten bekennen**, die es einzuhalten gilt. Das sei dann ein neues Heimatgefühl. Das aber ist gerade das Problem: ist es ein Gefühl oder ein persönliches Bekenntnis[17]? Was hat das zu bedeuten? Schon das (religiöse) Glaubensbekenntnis in Deutschland offenbart das Verhältnis von nominellen und tatsächlichen: Christen, die in Bälde unter 50 % Anteil ausmachen werden, die wenigen % Muslime werden steigen.[18] Für die **Heimatliebe** gibt es keine Statistik, aber es dürfte nur ein geringer Teil der Bevölkerung sein, die Heimat aktiv aus sich heraus ausüben, denn an Kultur im engeren Sinne sind nur wenige interessiert.[19] Einen **Tag der Heimat**[20] feiern die Vertriebenen in Deutschland mit 2,4 Millionen aus Rußland, 1,5 Mill. aus Polen, 0,4 Mill. aus Rumänien usw. In Deutschland kennt man nicht einmal die Zahl der in Heimatvereinen o.ä. zusammengefassten. Dagegen die Zahl der türkeistämmigen Menschen, sie beträgt derzeit etwa 2,8 Mill. In welcher Weise diese sich als Deutsche oder als Heimische fühlen, ist unbekannt. Die Zahl derjenigen, die ihr Brauchtum im Begriff als einen Teil von Heimat leben, ist ebenfalls unbekannt,

---

[12] Aus einem Hotel-Prospekt *zur Steigerung von Kreativität und Energie für den Alltag* im Urlaub.
https://www.allgaeu-top-hotels.de/geschichten-aus-dem-allgaeu/top-aktuell/heimatgefuehl.html?page_a113=5
[13] https://www.buchtips.net/rez10586-identifiziert-euch.htm Ulrich Wickert, S. 149o protestantisches D.
[14] Ebda. S-. 61/62
[15] https://www.borromaeusverein.de/medienprofile/rezensionen/9783492059541-identifiziert-euch/
[16] https://www.uni-bonn.de/die-universitaet/informationsquellen/presseinformationen/2005/263/wickert
[17] https://de.wikipedia.org/wiki/Bekenntnis Religion und Weltanschauung
[18] https://fowid.de/meldung/religionszugehoerigkeiten-deutschland-2015
[19] https://de.statista.com/statistik/daten/studie/170946/umfrage/interesse-an-kunst-und-kultur/
[20] https://www.bund-der-vertriebenen.de/fakten/spaetaussiedler/aktuelle-aussiedlerstatistik

Das **Heimatgefühl** scheint in Art und Ausmaß regional unterschiedlich verteilt zu sein, es ist umso stärker, je größer das Umfeld in Eigenart und Markantheit ausgeprägt und je tiefer es bei den Menschen geschichtlich eingeübt und gewohnt ist. *In verschiedenen Grundlagenuntersuchungen waren in Bayern bereits mehrfach **Identifikation und Identität** in der Bevölkerung mit Wohnort, Region, Bundesland und anderen politischen Ebenen Untersuchungsthema. Dabei standen meist die **nationale Identität** sowie Nationalgefühl und Nationalstolz im Vordergrund, so insbesondere die Frage, ob und wieweit es eine regionale oder gar **lokale Identität** gibt und diese im Rahmen der fortschreitenden Globalisierung immer wichtiger wird.*[21] Eine große Rolle spielt die besondere bayerische Lebensqualität, die emotionale Verbundenheit mit der Region ist überdeutlich, insbesondere hinsichtlich sozialer Einbindung, so in erster Linie Familie, Elternhaus und Kinder und eigener Immobilie. *Zum **Erleben von Heimat** bedarf es komplementär auch verschiedener visueller und akustischer Reize. Dabei spielen die Landschaft, aber auch Kultur und Brauchtum eine hervorgehobene Rolle.* Bemerkenswert ist, dass die Mehrheit der Personen mit Migrationshintergrund in Deutschland bleiben wollen, diejenigen, die abwandern, gaben als Grund das fehlende Heimatgefühl an.[22]

Die Menschen müssen sich hinter ihr Land stellen können, weshalb man neue **Identitätsmuster** benötigt, da Herkunft und Region überholt sind. So *gibt es in Europa keine klar definierte Volksgruppe.*[23] Wie soll die neue **kollektive Identität** denn aussehen, mit welcher ‚Emotion‘? Müssen da Minderheiten untergepflügt werden?[24] Angeblich ist eine gemeinsame Identität in der modernen pluralistischen Gesellschaft nur mit der Metakommunikation über die Missverständnisse oder die Vorurteile herstellbar.[25] Das aber ist ein **geistiger Prozess**, dem nicht alle folgen können, weil *Heimat ein räumlich klar begrenztes transgenerationelles Gedächtnis ist, das den Sozialzusammenhang eines Dorfes oder einer Stadt umfasst, wo sich an jeder Ecke überraschend Erinnerungen zu Wort melden können. Denn Heimat ist ein Resonanzphänomen. Die Aktualität des Heimatbegriffs ist zusammen mit einem immer gröber werdenden **Bedrohungsdiskurs** entstanden.*[26] Es fehlt das erforderliche Vertrauen, auch gegenüber der Politik: Europa ist zunächst nur administrativ – ohne alle zugehörigen Menschen – „geeint.“

Den **geistig-psychologischen Prozess** einer Umstellung[27] kennen die Deutschen nach der Kapitulation 1945, als die Nazi-Verbrecher zu Demokraten umerzogen wurden. *Das Ziel der Umerziehung müsse dabei sein, den Charakter und die Mentalität der deutschen Nation zu verändern,* sagte Archibald McLees auf der Potsdamer Konferenz.[28] Als Mittel dazu wurden die Journalisten und die Medien eingesetzt, wobei sich auch noch eine Konfrontation gegen den Kommunismus anbot. Dieser Vorgang ist ein Muster für eine **geplante Beeinflussung** von Menschen, die jedoch nicht immer moralisch und gefühlsmäßig positiv bewertet wird.[29]

[21] https://www.hss.de/download/publications/Generationenstudie-2009.pdf
[22] https://www.stmi.bayern.de/assets/stmi/mui/integrationspolitik/3.2.1.12_studie_2010_bev_migrathg.pdf
[23] https://www.welt.de/politik/deutschland/article158211878/Deutschland-braucht-eine-neue-Identitaet.html Islamwissenschaftlerin Lamya Kaddar. 2016
[24] https://www.zeit.de/gesellschaft/zeitgeschehen/2019-05/rechtspopulismus-widerstand-pluralismus-demokratie-grundgesetz-europawahl/seite-2
[25] https://taz.de/Identitaetspolitik-bei-Rechten/!5578612/ 2019
[26] https://www.kulturrat.de/wp-content/uploads/2019/01/puk0102-19.pdf Aleida Assmann 2019
[27] https://de.wikipedia.org/wiki/Reeducation https://www.kopp-verlag.de/a/charakterwaesche
[28] https://faszinationmensch.com/2014/09/27/von-der-umerziehung-der-wahnsinnigen-deutschen-nach-dem-2-weltkrieg/ Stellvertretender amerikanischer Außenminister Verfasser: Martin Bartonitz
[29] https://www.amazon.de/Re-Edukation-Umerziehung-Lizenzpresse-im-Nachkriegsdeutschland/dp/380041246 Helmut Mosberg. 1991 Verlag Uniiversitas ISBN 978-3800412464

Heimat-Gedichte in Auswahl[30]

Zum Nachdenken.

Der Mensch braucht ein Plätzchen
Und wär's noch so klein
Von dem er kann sagen
Sieh! Dieses ist mein
Hier leb' ich, hier lieb' ich,
hier ruh' ich mich aus
Hier ist meine Heimat
Hier bin ich zuhaus.   Unbekannt   Spruch auf einem Brotteller

Heimat – meine Liebe

Heimat
wo ich aufwuchs, wo ich lebte
wo mein Herz das erste Mal erbebte
woran ich denke als ich Kind
wo meine Eltern heut noch sind
wo immer eine helfende Hand
bei ihnen in der Not ich fand

Heimat
möchte dich nicht missen
gebettet in meinem Herzen wissen
wenn ich auch meilenweit entfernt
und was Neues kennengelernt
bleibt meine Liebe doch ein Stück
gepaart mit dir und fernes Glück   Volkmar Frank, * 1962

Heimat

Und auch im alten Elternhause
und noch am Abend keine Ruh?
Sehnsüchtig hör ich dem Gebrause
der hohen Pappeln draußen zu.

Und höre sacht die Türe klinken,
Mutter tritt mit der Lampe ein;
und alle Sehnsüchte versinken,
o Mutter, in dein Licht hinein.   Richard Dehmel, 1863-1920

---

[30]   https://www.grin.com/document/183695 2006 Technische Universität Chemnitz
https://www.quotez.net/german/heimat.htm https://www.myzitate.de/heimat/
https://www.viabilia.de/heimat/

Heimat

Ich bin hinauf, hinab gezogen
Und suchte Glück und sucht' es weit,
Es hat mein Suchen mich betrogen,
Und was ich fand, war Einsamkeit.

Ich hörte, wie das Leben lärmte,
Ich sah sein tausendfarbig Licht,
Es war kein Licht, das mich erwärmte,
Und echtes Leben war es nicht.

Und endlich bin ich heimgegangen
Zu alter Stell' und alter Lieb',
Und von mir ab fiel das Verlangen,
Das einst mich in die Ferne trieb.

Die Welt, die fremde, lohnt mit Kränkung,
Was sich, umwerbend, ihr gesellt;
Das Haus, die Heimat, die Beschränkung,
Die sind das Glück und sind die Welt.   Theodor Fontane, 1819-1898

Weh dem, der fern von Eltern und Geschwistern ein einsam Leben führt!
Ihm zehrt der Gram das nächste Glück vor seinen Lippen weg,
ihm schwärmen abwärts immer die Gedanken
nach seines Vaters Hallen, wo die Sonne zuerst den Himmel vor ihm aufschloß,
 wo sich Mitgeborne spielend fest und fester mit sanften Banden aneinander knüpften.

                                        Johann Wolfgang von Goethe, 1749-1832

Sprichwort:

Wer sich überall zu Hause fühlt, ist nirgends daheim.

Die Spannweite der Gedanken über die Heimat ist sehr groß, von der Erinnerung bis zum
Flug in die Weite. Heimat kann Anfang und Ende sein, schon das Brot erinnert an die Heimat,
mancher findet schon die Heimat auf seinem Teller, zum Weihnachtsfest oder bei einem
Seelenschmerz in der Fremde. Schon die kleinen Dinge können Brücke sein zwischen fern
und nah, zwischen Fremden und Freunden, manchmal ist es schon eine Blume, die zu einem
spricht. Wer einmal Heimat in sein Innersten aufgenommen hat, der wird der Heimat auf alle
Zeit und an jedem Ort verbunden bleiben, selbst bei großem Leid in der Gefangenschaft.[31]

---

[31] https://www.alt-rehse.de/flucht.htm   hier Sehnsuchtsbrief einer Heimatvertriebenen in USA.

14

Gefühle als handlungsbestimmende Motive.

Das menschliche Lebewesen hat sich im Laufe der Jahrmillionen der Evolution den jeweiligen Bedingungen der Umwelt anpassen müssen.[32] Daher waren seine geistigen Leistungen wohl hauptsächlich auf die praktische Optimierung seiner Lebensbedingungen gerichtet,[33] Manche Vorgänge in seiner Umwelt konnte sich der Frühmensch vor Jahr-Zehntausenden nicht erklären, aber versuchte sie zu deuten, wobei er anscheinend besonders befähigte aus der Gemeinschaft zu deren Aussagen wählte und diese auch akzeptierte.[34] So könnte die „Religion" mit ihren Ritualen und Symbolen entdeckt worden sein, aber genaues wissen wir über die Aktivitäten und das seelische Empfindens nicht.[35] Die Seherin Veleda der Brukterer ist geschichtlich bekannt geworden, weil sie den Untergang der römischen Truppen voraussagte.[36]

Wir nehmen heute wissenschaftlich an, dass bereits die Ur- und Frühmenschen beim Anblick des Todes, vornehmlich der „Verwandten" **Gefühle** hatten, dass sie Verwundete und kranke Mitstreiter pflegten.[37] Auch Gefühle wie Furcht und Angst könnten uralt sein und dürften z.B. einst durch Sprache geäußert worden sein.[38] Da ein **Wohlbefinden** bereits Tiere ausdrücken können, kam es wohl zu Haustieren. Genaues über die **geistig-seelischen Gefühle** wissen oft selbst die Psychologen nicht. Jedoch lassen sich Gefühle umschreiben: *sie sind angeborene und angelernte komplexe Phänomene mit neuralen, erlebnishaften und expressiven Komponenten.*[39] So ist **Vertrauen** ein Gefühl, das z.B. zwischen Menschen entsteht, aber auch enttäuscht werden kann, wenn Erwartungen nicht erfüllt werden. Ein Vertrauensbruch stört das Zwischenmenschliche.[40] Auch das gesunde Rechtsempfinden ist ein unbestimmter Begriff.[41] Das kann zu inneren Konflikten führen, wenn Urteile gesprochen werden. Manches Gefühl hat offensichtlich eine eigene Entwicklungsgeschichte wie z.B. der des Begriffes **Heimat**. Mit dem Tag der Heimat wird heute sogar offiziell zum steten Gedenken aufgerufen.[42]

Es ist anzunehmen, dass unsere Vorfahren schon bei der Jagd immer einen Bezugspunkt hatten, an dem sich die „Familie" oder die anderen der menschlichen Gruppe aufhielten. Mit der Besitzergreifung von Land für den Ackerbau und der Umzäunung schufen sie ein **Heim** für

---

[32] https://www.spektrum.de/magazin/die-evolution-des-menschen/829396 Pascal Picq, 2003
[33] https://www.studyhelp.de/online-lernen/biologie/evolution-des-menschen/
[34] https://tinyurl.com/spzlu3p R. Cronau, Die Entwicklung des Priestertums. 1929
[35] https://www.zeit.de/zeit-wissen/2014/01/mensch-evolution-zukunft/seite-3 Niels Boeing 2013
[36] https://de.wikipedia.org/wiki/Germanische_Seherin
https://books.google.de/books/about/Die_Regionalgeschichte_Von_D%C3%A3%C5%BELmen_und.html?id=1qrr4SFR7QIC&redir_esc=y 2009 S. 83ff. https://www.diplomarbeiten24.de/document/352187
https://de.wikipedia.org/wiki/Veleda https://blog.travian.com/de/2015/07/wer-war-eigentlich-veleda/
[37] https://www.aargauerzeitung.ch/kultur/buch-buehne-kunst/seit-wann-hat-der-mensch-gefuehle-103075911
[38] https://www.deutschlandfunkkultur.de/joseph-ledoux-angst-gehirnforschung-woher-kommen-unsere.950.de.html?dram:article_id=360161 Michael Lange 2016
[39] https://freimaurer-hannover-zal.de/wp-content/uploads/2019/09/Managementdergefuehle.pdf
[40] https://www.geo.de/magazine/geo-wissen/16301-rtkl-psychologie-vertrauen-das-verbindende-gefuehl
https://www.focus.de/gesundheit/ratgeber/psychologie/gesundepsyche/tid-29430/kraft-und-gelassenheit-stark-gegen-das-schicksal-widerstandskraft-entwickeln_aid_915693.html
[41] https://www.lto.de/recht/feuilleton/f/rechtssoziologie-gefuehle-juristen-rechtsempfinden-rechtsfindung-gerichte-justiz/
[42] https://de.wikipedia.org/wiki/Tag_der_Heimat

Schlafen und Aufenthalt und damit einen Bezugspunkt ihres Lebens. Bereits im Mittelalter wurde der Wohnsitz verrechtlicht, z.B. als Geburtsort oder als Ort mit Erbrecht. Es entstand in der frühen Neuzeit und Praxis der Begriff des **Heimat**rechtes.[43] Das wurde beispielsweise durch Geburt erworben. Durch die Erweiterung zur räumlichen Gegend des engeren Lebens wurde mehr als Wohnen und Schlafen einbezogen, die Gebräuche und Sitten, später in den Museen aufbewahrt. Heimat erhielt sprachlich wie in der Realität einen besonderen Sinn – und wurde zu einer Eigenheit der Menschen einer Landschaft. Wenn man es kulturgeschichtlich sieht, dann wandelt sich der Sinngehalt von Heimat mit den Gewohnheiten der Bevölkerung und damit zwangläufig mit der Industrialisierung und Urbanisierung. Vom Individuum aus betrachtet, bekommt Heimat eine persönliche Bedeutung. *Heimat ist ein hohes Gut und kann immer da sein, wo man sich* **wohlfühlt***, wo man zu Hause ist und wo Menschen sind, die aufeinander zugehen, die sich für die Geschichte, aber auch eine lebenswerte Zukunft ihres Wohnortes engagieren.*[44] Von da aus kann ein Heimatverein so etwas wie die Versammlung Gleichgesinnter in einem Ort werden. *In einer Landschaft kann sie sehr konkret werden, sei es als Bergsilhouette, Flusstal, in Form einer alten Kapelle oder als Schornstein einer Fabrik.*[45]

Die Zeit, in der unsere Vorfahren in der Steinzeit aber schon mit der uns heute verfügbaren Gehirn- und Nervenorganisation gelebt haben, ist im Vergleich zur Zeit der Zivilisation sehr lang. Dabei haben sich viele **Verhaltensmuster** *entwickelt, die heute oft nicht mehr so brauchbar sind wie früher. So etwa Aggressions- und Fluchtverhalten oder Rituale der Vitalfunktionen, z. B. Nahrungsaufnahme und –abgabe als bestimmte Szenen, über die der moderne Zivilisationsmensch gelegentlich stolpert.*[46]

Das Verständnis für Heimat hat sich mit Fortschreiten der Menschheit verändert und wird das weiter tun. Allein der Mensch in einer Millionenstadt mit einer kleinen Wohnung in einem Wohnungs-Silo, der vielleicht in einem Büromonster arbeitet, hat ein anderes als das Wohlfühl- und Gruppengefühl der Bergbauern in Ehrfurcht vor der Natur und dem Wert[47] einer gelebten Tradition einer überschaubaren Dorfgemeinde. Der Heimatbegriff kann in der politischen Auseinandersetzung inhaltlich stark verändert werden; die Hinwendung zu modernen idealisierten Grundwerten wie Demokratie, Menschenrecht usw. kann aber nicht nur als Gegensatz zu abgelehnten **Parteiideologien** aufgefasst werden, sondern als spezieller Wert für Menschengruppen, die alte Anschauungen und kulturelle Gewohnheiten in die moderne Geistes- und Kulturwelt vorteilhaft als weiterlebende Erinnerung transportieren, schon aus dem Bedürfnis heraus, als ein Selbst in einem Kollektiv verwurzelt zu sein. Die aktuelle Frage lautet bei der Bildung eines „Europa", wie sich die **individuelle Vorstellung** von Heimat dort wiederfinden lässt und auch lebt.[48] Das Beschwören gemeinsamer Geschichte und Kultur

---

[43] https://de.wikipedia.org/wiki/Heimatrecht Dort ab Deutschen Bund 1814ff.
[44] https://www.wn.de/Muensterland/Kreis-Steinfurt/Tecklenburg/2015/12/2218213-Gedanken-zum-Thema-Heimat-Individuell-und-grossartig
[45] Kulturlandschaft = räumliches Erbe und Gedächtnis der Gesellschaft zur Beibehaltung des Heimatgefühls. https://www.lvr.de/media/wwwlvrde/kultur/kulturlandschaft/kuladignw/dokumente_189/Heimat_und_L andschaft_endfassung.pdf https://www.thueringer-allgemeine.de/leben/herda-neuer-verein-will-die-775-jahr-feier-vorbereiten-id221653933.html
[46] https://www.gerhardschwarz.eu/seminare/archaische-muster/
[47] https://de.wikipedia.org/wiki/Wert Schwierigkeiten einer „genormten" Werte-Katalogs https://www.wertesysteme.de/was-sind-werte/ aus präferierten Werten resultieren Denkmuster
[48] https://www.wallstein-verlag.de/9783835334755-heimat-europa.html 2019 https://seminarkurs-heimat-r.jimdofree.com/heimat/ Individuelle Meinungen

erzeugt erst dann Realität, wenn sie auch als solche empfunden wird, auch wenn man sich nicht kennt und sich für einen Teil eines größeren Ganzen halten soll.[49]

Emotionen sollen **kulturelle Konzepte** sein und sind von daher eingebunden in die Kultur des Landes oder der Nation. Die Anthropologie fragt speziell danach, welche Bedeutung die **Gefühle für ein Leben miteinander** haben.[50] Das ist schon daran zu deuten, wenn sie durch **Symbole** ausgedrückt werden, die Kurzfassungen von dem sind, für was für einen Sachverhalt sie stehen oder wofür sie benutzt werden. Symbole wirken, weil bei den sie Wahrnehmenden durch sie ein Gedankeninhalt erzeugt wird, weil sie z.B. etwas darstellen, einen geschichtlichen Hintergrund haben oder haben können: *die Bilder der friedlichen Revolution vom Herbst 1989: an Tausende, die bei den Montagsdemonstrationen durch Leipzig zogen; an die Menschen, die von beiden Seiten auf die Mauer kletterten; an den Ruf „Wir sind das Volk", aus dem schon bald „Wir sind ein Volk" werden sollte.*[51] Vielfach werden auch Symbole dafür eingesetzt., so sammeln sich unter der Fahne Menschen einer Nation und sie stellen damit einen Inhalt in die Öffentlichkeit. Andererseits sind Symbole auch Zeichen aus einer vergangenen Welt, z.B. der Untertänigkeit, wenn die Front des angetretenen Militärs abgeschritten wird. Die Magie der Symbole in Wort und Bild ist ein Zauber, dem so mancher **im Volk im Gefühl** erliegt. Die Flaggenfarbe Schwarz-Weiß-Rot reicht zurück in die Zeit der ersten Nationalversammlung, aber nach dem Krieg auch noch als Berliner Flagge[52]. Heute ist sie durch Schwarz-Rot-Gold abgelöst, zunächst an die Weimarer Verfassung erinnernd. Die **Nationalhymne** war lange Zeit eine Mahnung an einst und an die Zukunft, an alle, jedoch jeweils individuell interpretiert. Ein Symbol sind seit Menschenbeginn eine seelische Klammer.

In unserer Verfassung wird erklärt, dass die freien Bürger zu souveränen Herrschen gemacht werden, indem sie durch den demokratischen Prozess des Wählens (von Parteiabgeordneten) regieren.[53] Hiernach soll von dem Staatsbürger der universelle ethische Wert der Würde des Menschen als unantastbar angesehen werden, aber auch eine Treue gegenüber der Nation. Das stecken **Gefühle** drin, die *abstrakte Vorstellung und Gedanken ins Wanken bringen können.*[54] *Tief verankerte Gefühle können einen Menschen dazu veranlassen, sich mit einer Nation zu identifizieren.* So kann man als Mitglied einer Gemeinschaft sein Selbstwertgefühl steigern, wenn die Gemeinschaft einen Erfolg zu verzeichnen hat. Gefühle können in Wettstreit mit rational basierten Gedanken treten, so ist im **Heimatgefühl Sicherheit** enthalten und diese duldet keine Schwächung. Das kann zu einem Problem ausarten, wo man sich für eine Lösung entscheiden muss. Da kann die Anlehnung an die von einer Mehrheit vertretene Auffassung mitbestimmen, weil dies einfach und ohne große Überlegungen möglich ist. Die politische Vorgabe, einen **humanen Staat** zu bejahen[55], impliziert möglicherweise auch, das Heimatgefühl zugunsten Integrierter abzulegen, nicht jedermann als vernünftig einsehbar.

[49] https://causa.tagesspiegel.de/gesellschaft/was-bedeutet-heimat/he Walter Leimgruber, 2017
[50] https://www.lai.fu-berlin.de/disziplinen/altamerikanistik/emotionsforschung.htm
[51] https://tinyurl.com/tjwqadd **Bundespräsident H. Köhler, 4.12.2008 Symbole der Demokratie.**
[52] https://de.wikipedia.org/wiki/Flagge_Berlins hier ist der Bär schwarz, rot und weiß Mark Brandenburg.
[53] https://de.wikipedia.org/wiki/Staat_und_Gesellschaft
[54] https://www.buchtips.net/rez10586-identifiziert-euch.htm Ulrich Wickert, S. 98 und 111/113
[55] Wie vordem, S. 204: Französische Wochenmagazin: *Warum ist sie nicht eine der unseren?*

Die Sehnsucht als Motiv.

Das menschliche Individuum zeichnet sich im Verhalten durch ein breites Spektrum vom Müssen, vom Wollen und Handeln, an Wünschen und seelischem Verlangen aus, die von einer Reihe von Faktoren beeinflusst werden können: *angeborene Triebe und Instinkte, Hormone, frühkindliche Prägungen, situative Anreize, Wille und Persönlichkeitsmerkmale).*[56] Wir kennen den heimatverbundenen Bauern, der von Tagesbeginn bereits seinen normalen Ablauf vorgezeichnet sieht, den Arbeiter, der sein Betriebsleben ständig wiederholen muss usw. Es gibt offensichtlich sowohl den Getriebenen als auch den, der in einer gewissen Freiheit sein Leben zu gestalten vermag. *Allgemein ausgedrückt sind **Motive** in der Psychologie richtunggebende, leitende und antreibende psychische Ursachen des Handelns. Motive befähigen ihren Besitzer, bestimmte Gegenstände wahrzunehmen und durch die Wahrnehmung eine emotionale Erregung zu erleben, daraufhin in bestimmter Weise zu handeln oder wenigstens den Impuls zur Handlung zu verspüren.*

Schon der frühe Mensch dürfte das **Verlangen** haben, in die Zukunft zu schauen, um einer **Angst um das Leben** zu entgehen, um sich sicher zu fühlen, wobei sowohl die **Sehnsucht** wie auch der Zustand der **Sicherheit** unbestimmt – und eher subjektiv geprägt ist. Das Ungewisse, was oder wie die Erfüllung des Erwünschten zu erreichen ist, wird mit dem Gegenwärtigen und dem eigenen Können verglichen und entweder wird dann das Fehlende angegangen – auch nach dem Prinzip „trial and error"[57] - oder der Mensch wird von der Unmöglichkeit überwältigt.[58] Dabei kann die Angst einen realen Hintergrund haben, wenn Versprechen der Parteien oder der Regierung **Zweifel** wecken: der Wohlfahrtsstaat gehe zu Ende, wenn man nicht weiß, wie man sich zu verhalten hat.[59] *Die Angst rieselt in die Poren der Gesellschaft. Die Gemeinschaft büßt an Zusammenhalt ein, verliert den Konsens – das stabile Fundament, auf das sich bisher die meisten einigen konnten.* Und ein weiteres Zitat: ***Heimat** ist das Refugium, der Fluchtort für Sehnsüchte nach Gemeinschaft, nach Zugehörigkeit und Gerechtigkeit. Es ist die Idee eines Raums, in dem ich Geborgenheit erfahre und Kontrolle über meine Lebensverhältnisse habe.*[60] Das Individuum möchte sich am Ort seines Lebens **wohlfühlen.** glücklich sein[61]. Dabei muss der Ort nicht unbedingt der sein, wo man geboren ist, Kindheit und Jugend verbracht hat. Wer aber von solch einer Heimat hat Abschied nehmen müssen, kann unsicher werden, vor allem, wenn ihm die Erinnerung an den wahrhaften Bezugspunkt verloren gegangen ist.

Teile der heutigen Gesellschaft leiden unter der Auflösung einst als fix geltender sozialer, kultureller oder geschlechtlicher Grenzen (ohne die damit gewonnenen Freiheiten schätzen zu können), erleben sich als abgehängt, nirgends zugehörig oder bekämpfen die Durchmischung

[56] Stangl, W. (2019). *Motiv und Motivation Psychologische Erklärungsmodelle.* https://arbeitsblaetter.stangl-taller.at/MOTIVATION/MotivationModelle.shtml (2019-12-11).

[57] https://karrierebibel.de/trial-and-error/

[58] https://www.psychologie.uzh.ch/de/bereiche/dev/lifespan/erleben/berichte/mehr-berichte/sehnsucht.html Alexander M. Freund, 2007

[59] https://www.geo.de/magazine/geo-wissen/58-rtkl-angst-die-sehnsucht-nach-sicherheit

[60] https://www.berliner-zeitung.de/politik/psychologin-im-interview--die-gleichsetzung-von-heimat-und-staat-ist-verhaengnisvoll--28566444 Beate Mitscherlich, Zwickau, Pflegeforschung

[61] https://www.tagesspiegel.de/wirtschaft/ein-uraltes-streben-was-den-menschen-gluecklich-macht/20787732.html

und Verflochtenheit heutiger Gesellschaften als Zerstörung einer angeblich vorhandenen ursprünglichen Einheit, die gerne als Heimat beschworen wird.[62] Aber als eine, die den idealen Vorstellungen des Guten, Zufriedenen entspricht, jedoch in der Wirklichkeit nicht mehr im Sinne des „früheren" existieren kann, Parteien und Globalisierungstendenzen nagen unentwegt an der Geschlossenheit der Bewohner dieser Erde.

Die etablierten Religionen können nicht mehr allen eine seelische Glaubens-Heimat bieten, die Menschen wandten sich in den letzten Jahrhunderten davon ab und suchten nach neuen Inhalten. Zunächst gewannen Sekten an Boden. Die Vertreter der ständig Suchenden schauten sodann nach neuen Inhalten wie das Heil der Natur oder das von einer Gattung an Heilsbringern Angebotene, schließlich wird der Klimawandel eine Art spirituelle oder moralische Heimat.[63]

Da bietet das (individuell idealisierte) **Heimatgefühl einen Ausgleich**, besonders, wenn auf der anderen Seite das Ausgeliefertseins, des „Nichtmehrangehörtwerdens" einen mehr oder weniger bedroht. So kann sich in der Gesellschaft eine misstrauische Stimmung breit machen, u. U. durch die Medien angeheizt. Kritisches Denken ist da bei den Politikern gefragt, die Angst und das Misstrauen zu beseitigen, also offen zu allen der Gesellschaft zu sein und nicht einzelne zu verteufeln. Ob es zweckmäßig ist, die Nation neu zu definieren, das Heimatgefühl weltoffener zu gestalten, muss sich zeigen, denn Fremde in eine neue Heimat zu integrieren, scheitert meist an der Unwilligkeit der Fremden, die sich selbst isolieren.

Die **Sprache** ist ein Mittel, in die eigene Seelenwelt und die anderer einzudringen, sich mitzuteilen, Gemeinsamkeiten herauszufinden, sich und andere zu verstehen, was aber auch von der **Tiefe des Sprachgefühls** und vom Beherrschen der Sprache und des Sprachgefühls abhängt., ein Bild der erreichten Kultur vermittelt. Es ist nicht nur der Dialekt, sondern auch der Wortschatz des Verstehens und der Sprachaktivität, den man zum Unterscheiden heranzieht. Die Spanne der Sprachkenntnis ist sehr groß, im unteren Gebrauchsbereich beginnt er bei einigen Tausend Wörtern, bei einem Grundwortschatz, bei Gebildeten bis zu einigen Zehntausenden, mancher Dichter dort im oberen Bereich bei 120 Tausend.[64] Der Spracherwerb ist auch ein Merkmal einer Integration in eine Gemeinschaft, eines Fremden in eine abgestimmte Gruppe mit gleicher Muttersprache. Dazu gehört die Bildung eines **Sprachgefühls** für die Schärfe der Stimmigkeit mit dem Besprochenem, die Unschärfe von Ausdrücken und Begriffen ist ein Kennzeichen der individuellen Bereitschaft zur Klarheit. Man kann das beispielsweise an dem Begriff Heimat festmachen, der oft zeitgemäß interpretiert wird.[65] Mancher erfasst gar nicht, was der andere mit Heimat meint, was dem Sprecher Sicherheit bedeutet.

*Wem Mutterliebe fehlte oder wer kein **Urvertrauen** kennengelernt hat, der wird oft ein Leben lang von einer **rastlosen Suche danach** getrieben. Nur, wer sich geborgen fühlt, wird in der Lage sein, seine Träume zu verwirklichen, die Herausforderungen des Alltags zu meistern und immer wieder an den Punkt zu kommen, sich 'glücklich' nennen zu können - weil er sicher in*

---

[62] https://causa.tagesspiegel.de/gesellschaft/was-bedeutet-heimat/heimat-ist-die-utopie-einer-zukunft-fuer-allenbsp.html Walter Leimgruber, Universität Basel 2017

[63] https://www.tagesspiegel.de/wirtschaft/ein-uraltes-streben-was-den-menschen-gluecklich-macht/20787732.html https://www.geistigewelt.tv/spiritualitaet/besuch-in-der-wahren-heimat/

[64] https://de.wikipedia.org/wiki/Wortschatz

[65] https://link.springer.com/chapter/10.1007/978-3-322-97251-4_20 Siegfried Grubitzsch, 1995 https://doi:10.1093/applin/11.4.341 https://academic.oup.com/applij/article-abstract/11/4/341/245279?redirectedFrom=fulltext Applied Linguistic 1990

sich selbst ist.[66] **Sicherheit und Wohlbefinden** brauchen alle Menschen. Und das ist in Gefahr, wenn die Unwägbarkeiten steigen und das Umfeld zu wanken scheint. Da kann die Einkehr in einen Heimatverein das Lebensgefühl nach Geborgenheit stützen, man kann sich gemeinsam entspannen. Müssen dagegen Menschen auf Nähe und Geborgenheit verzichten, dann sind Stressbewältigung und das Verarbeiten von Belastungen schwerer als sonst.

Weil ein menschliches **Leben ohne Bezugspunkt** nicht entwicklungsfähig ist, ist **Vertrauen** eine dafür elementare Grundbedingung und ein Impulsgeber für Entscheidungen Weil ohne das kein gesundes Gemeinschaftsdenken und Handeln möglich ist, ist es wichtig. Ein Vertrauensverlust kann sogar zu Persönlichkeitsstörungen, zu Fehlverhalten führen.[67] Je nachdem, wieviel Vertrauen man grundlegend hat, wird die Sicht auf die Dinge und Sachverhalte dieser Welt bestimmt. Zu den besonderen Facetten des Vertrauens gehören die im Areal des Informationsangebotes durch Institutionen oder Medien dargelegten Fakten. Manche Menschen sind allerdings leichtgläubig oder naiv.[68] Andere wiederum sind nicht in der Lage, die Informationen auf **Vertrauenswürdigkeit** kritisch zu prüfen, ein Übel, weil heutzutage selbst komplexe, nur wissenschaftlich ergründbare Zusammenhänge so aufbereitet werden, dass Kritik und Misstrauen nicht notwendig scheint. Aber gerade das wird vielfach genutzt, um Einfluss auf die Menschen zu gewinnen. Wie aber kann man die Einschätzung auf Vertrauenswürdigkeit erreichen oder aufbauen? Da diese Eigenschaft sehr qualitativ und oft unnachweisbar. Ist, entsteht die Frage: wann ist denn nun Vertrauen z.B. in „Experten" gerechtfertigt?[69] Da bietet die Forschung noch keine konkreten Hilfen. Trotzdem wird verschiedentlich mit Wissenschaftlern geprotzt, die ihre Meinung zu einem Sachverhalt äußern, aber wer ist direkt und in welcher Weise mit der unmittelbaren Forschung konfrontiert und hinreichend kompetent?[70]

Für einen Großteil der Menschen ist **Heimat** im Land, Boden, Wald usw. gegenwärtig oder im Innern vorhanden, nicht immer dessen voll bewusst. *Heimat war zumindest immer die stille und unaufgeforderte Einladung zu einer fast religiösen Einbettung der eigenen Person in ein überzeitliches Ganzes: in die überindividuelle Sphäre, die immer bereits da war, die nichts von einem forderte, die den Einzelnen ohne Gegenleistung in sich aufnahm.*[71] Manche verstehen die politischen Probleme nicht, die die Heimat als überholungsbedürftig ansehen, weil sie nicht in ihre Konzept passt, weil der Begriff im Denken vergiftet war. Noch während des Ersten Weltkrieges hatte die Heimat eine herausragende Bedeutung.[72] Heute verschwindet so manches Altvertraute, die Heimat wird anonymisiert. Es ist so wie der stetig Reisende das Hotel in gleicher Machart vorfindet, aber keinen Blick mehr für das sonstige hat, die dortigen

---

66 https://www.zeit.de/angebote/partnersuche/magazin/magazin_Sehnsucht_nach_Geborgenheit L-P.Kurz
    https://www.vfp.de/verband/verbandszeitschr Hans Mogel – Birgit Wend
    https://www.gesundheit-und-wohlbefinden.net/sehnsucht-nach-naehe-und-geborgenheit/
67 https://tinyurl.com/v7v6yph Christiane Nitzsche, 2017 Psychiater Helmut Berndt
68 https://www.psymag.de/11560/bedeutung-vertrauen-psychologisch/
69 https://www.heise.de/tp/features/Gesucht-System-zur-Erkennung-von-vertrauenswuerdigen-Menschen-3383502.html Florian Rötzer 2008
70 https://correctiv.org/checkjetzt/2019/07/10/31-000-wissenschaftler-gegen-den-menschengemachten-klimawandel-diese-petition-hat-viele-schwaechen Micha Nelkner, Redakteur = Journalist, siehe auch Kritik in https://de.wikipedia.org/wiki/Correctiv Wissenschaftliche Fakten höherwertige Fachleute urteilen https://sciencefiles.org/2019/11/29/correctiv-faktenchecker-ard-faktenfinder-unwesen/
71 https://www.der-theaterverlag.de/theatermagazin/dtm/theatermagazin-09-2018/heimat-sehnsucht-nach-geborgenheit/ Christian Schüle, 2017
72 https://feldpost.hypotheses.org/category/kategorien/heimat-im-krieg-sinnhorizont-und-bezugspunkt

Einheimischen und deren Umwelt nicht kennenlernt. Und der Fremde, der eine **neue Heimat** sucht, kann der der Grund sein, dass wir die Heimat neu erfinden müssen? Wohl kaum, wenn denn der Fremde sich zugehörig und am Gemeinsamen beteiligend bekennt, den inneren Zustand der vorgefundenen „Einheimischen" respektiert.[73] Das „alte" Heimatgefühl **stabilisiert** das Individuum und darüber die Gemeinsamkeit.[74] Der Heimatverbundene bleibt auch bei Anwesenheit von „Fremden" in seelischer Balance.[75]

Das **Heimatgefühl** ist zumeist schon ein in der erlebten Kindheit entstanden, in Deutschland in einer engeren Region, in Osteuropa z.B. mehr als Angehöriger einer Nation.[76] Das Individuum ist die Summe seiner persönlichen Erfahrungen und daher schwer zu messen, z.B. um die unterschiedliche Stärke des Gefühls zu Zwecken des Vergleichs zu objektivieren. Psychologische Tests können nur einen Blick in die spezifische Befindlichkeit eines Menschen eröffnen. Die Gefühlsreaktionen sind derzeit der Angriffspunkt, wobei Computer eine Hilfe stellen.[77] In der Emotionsforschung steht das Heimatgefühl nicht im Programm.[78] Vermutlich ist die dortige Gefühls-Stärke nicht in den verschiedenen (seelischen) Situationen gleich groß, weil das politische Umfeld es berührt. Befragungen können nur sehr bedingt dazu beitragen.[79] Nur Einschätzungen und Beobachtungen führen hier weiter, so im Verhältnis der Heimat im Schulunterricht durch die Globalisierung; der Zeitgeist ändert sich, die Heimat ist hier u.U. nicht mehr so wichtig. *Das Heimatgefühl gehe zwar durch die Globalisierung in gewisser Art verloren, doch Heimatlosigkeit im Bewusstsein wirke verunsichernd.*[80]

Eine qualitative Forschung kann der Frage nach dem Wert der Heimat und des Heimatgefühls nachgehen.[81] Selbst bei dem „neuen" Heimatgefühl des *Globetrotters* Ulrich Wickert bleibt der traditionelle Heimatbegriff erhalten.[82] Aber ihm wird gewissermaßen übergeordnet eine Verhaltensweise mit modernen Begriffen wie Freiheit und Demokratie, wo unter Freiheit der Arbeits- oder Obdachlose etwas anderes versteht als der normale Bürger, eine Demokratie, die laufend in der Meinungsfreiheit und durch die Parteien durchbrochen wird. Deutschsein entspringt einer Sprachidee und hat noch kein einheitliches Nationalgefühl hervorgebracht.[83] Und was ist die **deutsche Leitkultur** heute? Da nützt auch der Aufruf eines *Globetrotters* nicht, *dass jeder Bürger sich haftbar fühlen muss für den Zustand seiner Gesellschaft.* Er ist zunächst Mensch und damit werden deren Grundwerte wichtig, die der Globe-

---

73 https://weth.ch/archive385
74 https://tinyurl.com/rhperau
75 https://link.springer.com/chapter/10.1007/978-3-662-58943-4_6
76 https://www.general-anzeiger-bonn.de/bonn/stadt-bonn/wie-nrw-das-heimatgefuehl-in-bonn-foerdert_aid-44071477
77 https://www.swr.de/swr-classic/gefuehle-berechnen/-/id=17055312/did=13553428/nid=17055312
78 https://www.horizont.net/planung-analyse/nachrichten/Wie-man-Emotionen-messen-kann--Methoden-der-Marktforschung-Die-Vermessung-der-Gefuehle--158101
79 https://www.sueddeutsche.de/politik/bertelsmann-studie-zu-gesellschaftlichem-zusammenhalt-was-den-wir-westen-vom-ich-osten-trennt-1.1958677 Bremer Forschungsinstitut/Bertelsmann-Stiftung
80 https://www.wasserburg24.de/wasserburg/region-wasserburg/wasserburg-am-inn-ort63092/wasserburg-schwindet-heimatgefuehl-region-3512508.html 2014 https://www.grin.com/document/18394 Heimatbezug im Sachunterricht. 20o03
81 Theresa Bartl. Verortung eines traditionellen Begriffs im Zeitalter der (Sub)Urbanisierung. S.43ff. https://www.hss.de/fileadmin/user_upload/HSS/Dokumente/Berichte/AMZ_105_Heimat_zwischen_Tradition_und_Fortschritt.pdf
82 https://www.lokalkompass.de/essen-werden/c-politik/wo-ich-zuhause-bin_a1271463 NRW 18.12.20129
83 https://causa.tagesspiegel.de/gesellschaft/was-ist-deutsch/vom-wahren-und-falschen-deutsch-sein.html

trotter in der Vernunft sieht.[84] Sie werden in politischen Kriterien fixiert, die dem Verstand und nicht dem Gefühl entstammen.

Das Heimatgefühl und seine Bedeutung.

In der heutigen Idealvorstellung hat das **menschliche Individuum** einen freien Willen und kann selbst über sein Leben nach seinen Wünschen, Bedürfnissen etc. entscheiden und bestimmen, soweit sie darin nicht behindert oder von fremder Seite aus mitbestimmt wird. So haben die Menschen in Deutschland einen einklagbares Recht auf freien Zugang zur Natur, aber sie haben nur wenig Spielraum in der eigenen Gestaltung des persönlichen Lebens, beispielsweise müssen sie ihren Arbeits- und Wohnort suchen, die Grundvoraussetzung für ihren Erfahrungsschatz sind, der wiederum die Selbsteinschätzung, das Selbstbewusstsein und die Beurteilung seiner Umwelt verursacht und leitet. Die ausgebildete Kritikfähigkeit fördert auch den Grad einer Bemängelung und Bewertung von Geschehnissen und Handlungen, beispielsweise der Politik oder von Parteivorhaben.

Das menschliche Individuum ist Teil einer lebenden Fortpflanzungsgemeinschaft und damit zugleich **Teil der Evolution.**[85] Es war gezwungen, das biologische Prinzip der **Selbsterhaltung**[86] in der Verhaltensweise sowohl des Einzelnen wie das in seiner Lebensgemeinschaft zu verwirklichen. Dazu gehört, dass es Wettbewerb, ja kämpferische Auseinandersetzungen gibt, wo der Einzelne sich behaupten, dass er auch in seine Umwelt eingreifen muss.[87] Das Wesen des Menschen ist durch eine Gefühls- und Verstandeswelt gekennzeichnet, es reagiert auf Zustände seiner Umwelt durch ein komplexes Zusammenspiel der einzelnen Bewertungs-systeme – und jedes Individuum in verschiedener Weise, als Erfahrung und Erinnerung gespeichert. *Je intensiver dieses Gefühl ist, umso deutlicher bleibt es in unserem Gedächtnis verankert. Das Erlebte wird Teil unserer Lebenserfahrung. Je größer dieser Erfahrungsschatz ist, umso differenzierter wird auch unser emotionales Bewertungssystem.*[88]

Andererseits hat der Mensch das geistige Vermögen, mit seiner Vernunft[89], alles als zu bewahrende Schöpfung anzusehen, wobei er möglicherweise sogar einwirken kann. Aus den Überlieferungen und den schriftlichen Vermächtnissen früherer Menschen können wir Erkenntnisse ableiten, wieweit der Mensch vernünftig ist und etwas vom Optimieren in der Natur versteht, aber such Fehlentwicklungen, krankhafte Auswüchse erkennen und feststellen, dass wir in der Evolution noch nicht fertig sind. Die menschliche Gemeinschaft schafft moralische Maßstäbe, die zuweilen nicht Gemeingut werden, weil die Einsicht nicht zustande kommt, dass Kriege als gerecht deklariert werden, die im zivilen Leben als verabscheuungswürdig gelten.[90] Auch die Kognitionsfähigkeit hat individuelle Grenzen.

---

84   https://www.landtag.sachsen.de/dokumente/Festrede_Ulrich_Wickert_redigiert.pdf
85   https://www.lernhelfer.de/schuelerlexikon/biologie-abitur/artikel/ablaufformen-der-evolution
86   https://link.springer.com/chapter/10.1007%2F978-3-476-00461-1_17
      Nach der Philosophie grundsätzlich natürliches Prinzip https://kobra.uni-kassel.de/bitstream/handle/
      123456789/2017052352556/DissertationAnneHass.pdf?sequence=3&isAllowed=y
87   https://www.zeit.de/zeit-wissen/2014/01/mensch-evolution-zukunft/seite-2 Seite 1 bis Seite 3
88   https://www.planet-wissen.de/gesellschaft/psychologie/emotionen_wegweiser_durchs_leben/index.html
89   https://www.textlog.de/2186.html Vernunft und Verstand (logisches Denken)
90   https://tredition.de/autoren/adalbert-rabich-23467/das-individuum-paperback-102118/

Die Meinungen darüber sind daher vielfältig, eine Folge der unterschiedlichen Veranlagung und der Aufnahme der individuellen Lebenserfahrung. So kann ein **Heimatgefühl** Ausdruck der Verwurzelung mit Tradition und Region, der Verbundenheit *mit der Erde, der Scholle, der Vergangenheit* sein, die sich in Liedern[91] und der Volksmusik äußert, für den anderen ein *kritisches Wissen um die Geschichte und vielen anderen Elementen, die ortsunabhängig sind.*[92] Der eine braucht keine neue Heimat, weil er die einstige verloren hat, der andere sucht eine neue, weil ihm der alte Begriff suspekt ist, zu rechtsgerichtet. Hier greift die Polemik ein, die Andersdenkende allein wegen ihrer Zielrichtung Heimat ausgeschaltet wissen möchte. *Das sei der Versuch, eine Diskussion mit der Bewegung zu vermeiden.*[93] Wenn eine Partei sich aus Individuen zusammensetzt, so sind veröffentlichte Meinungen einzelner zugleich nicht zweifelsfrei parteiidentisch[94], das Lebendige in einer thematischen Auseinandersetzung ist förderlich für das Erkennen von Macht und Gerechtigkeit, vom Guten und Bösen. Innerhalb dieser Gemengelage von Wissen und gefühlten Erfahrungen hat das Heimatgefühl seinen Platz ein Gefühl erwachsen aus Vertrautem, Ruhe Stiftendem in einer Welt der Globalisierung und **Nomadisierung**, jenseits von der Konzentration des Gedachten, von Menschenrechten.[95]

Der wichtigste Grund, warum wir unglückliche Nomaden sind, besteht in unserem Wissen, dass wir nirgendwo mehr hingehen und von vorne anfangen können, befreit von den globalen Dynamiken, die unsere Gegenwart bestimmen. Wir verlieren unser "Hinterland", l' arrière pays, wie es der französische Dichter Yves Bonnefoy genannt hat – das ungesehene, aber angenommene Jenseits, das Menschen immer über sich hinausgetrieben hat, voller Hoffnung und Schrecken. [Mark Lilla, Zeit online, Fußnote] In seiner republikanischen Form bleibt der Nationalstaat das einzige vernünftige Mittel zur Herstellung menschlicher Solidarität, das uns zur Verfügung steht, um es mit den Folgen der Globalisierung aufzunehmen, so gut wir eben können.

Mit der **Heimat identifiziert** man sich mit seiner **Geschichte** inklusive seiner Umgebung. Die Heimat kann durch mancherlei Ereignisse sein Gesicht verlieren wie durch Zerstörung, durch Entfremdung wie durch die Arbeitsstätten-Verwandlung, wie wir sie nach der Wiedervereinigung durch die Privatisierung (Treuhand-Gesellschaft in der DDR[96]) erlebt haben, durch Entvölkerung in wirtschaftlich schwachen Gebieten, durch gewaltige Änderungen der Infrastruktur z.B. durch Änderung der Energieerzeugung usw. So können selbst Sesshafte in diesem Sinne **heimatlos** werden und müssen sich an alte Zeiten erinnern, die es nicht mehr gibt. Das erfüllt einen Menschen mit Schmerz, denn ein Teil seines Lebens ist schlicht weg. Anders bei demjenigen, der ein moderner, globalisierter Nomade sich in einen Nostalgie-Traum versetzt, m seiner **Sehnsucht nach Ruhe und Stille** zu entsprechen, um kreativ tätig sein zu können.[97]

---

91 https://www.lieder-archiv.de/lieder-heimat.html https://www.volksliederarchiv.de/heimatlieder/
92 https://www.piper.de/buecher/identifiziert-euch-isbn-978-3-492-05954-1 S.12
93 https://www.saechsische.de/ist-zukunft-heimat-rechtsextrem-3897145.html
    https://tinyurl.com/y4nmz3pm https://afdkompakt.de/2019/11/07/der-verfassungsschutz-darf-nicht-zu-
    einem-regierungsschutz-verkommen/
94 https://www.gruene-bundestag.de/fileadmin/media/_archivextern/heimat_wir_suchen_noch/
    programm_der_kulturkonferenz_2009.pdf
95 https://www.zeit.de/2019/12/heimatgefuehl-zugehoerigkeit-grenzen-globalisierung Mark Lilla
96 https://www.nachdenkseiten.de/?p=50523 Tobias Riegel 2019
97 https://www.deutschland.de/de/topic/leben/was-heimat-bedeutet-und-was-sie-gefaehrdet
    https://www.petra.de/sex/liebe-psyche/artikel/heimatgefuehl/page/2

Gefühle als reale Handlungsmotive.

In unserer komplizierter und wenig überschaubarer Beobachtungswelt hat es der Verstand schwer, sich logisch verlässlich und sicher zu orientieren, die Menschen nutzen das Informationsangebot aus den hierfür eingerichteten Einrichtungen oder sie gehen z.b. nach dem, was sie aus Gründen des Wohfühl-Erinnerns und/oder aus dem zweckmäßigen Anpassens an die allgemeine Auffassung als richtig ansehen.[98] Für bestimmte Gefühle gibt es Beschreibungen, so z.b. für Furcht, Angst, Hass, oft jedoch nur ohne genaue Bezeichnung der einzelnen Symptome oder Muster von Symptomen usw., die bei der Diagnostik zur Anwendung kommen. Dabei hilft das Beobachten vom Verhalten oder aus Schilderungen bei der Anamnese[99] des subjektiven Erlebens. Zuweilen ist die Gefühlsdauer nur kurz (Affekt) oder gar nur einmalig, um eine Handlung vorzunehmen, zu kurz, um gewissenhaft zu überlegen. Emotionen beeinträchtigen die klare Entscheidungsvorbereitung. Im allgemeinen fühlt man sich „gut", wenn man sein Handeln mit den gesellschaftlichen Normen oder seinem **Gewissen** in Übereinstimmung befindend ansehen kann: man befindet sich psychisch „wohl".[100] Wird man durch andere abgewertet, kann ein intensives Gefühl der Abneigung gegen die Urheber entstehen, etwa Hass.

Das **Heimatgefühl** basiert auf stark im Gehirn eingeprägten Ereignissen, hat daher eine individuelle und persönlich frühkindlich geformte Grundlage und sie ist meist regional disponiert, was z.B. bei gemischtgebildeten Gemeinschaften ein Zusammenleben als störend und fremd empfunden wird, was die Mobilität des Individuums behindert, die **Vertrautheit** fehlt. Zur Not schafft er sich eine Heimat neu, eben da, wo er sich am besten „zuhause", geborgen fühlt. Das Individuum kommt in Bedrängnis, wenn das Vertrauen schwindet, wenn die Unzulänglichkeiten der Politik ihn misstrauisch machen, weil die Furcht vor einem Schaden überwiegt.

Es gibt eine Reihe von Gefühlen, die ein Individuum an sich erfährt, z.B. gehört der Gefühlszustand der Bedrohung oder Gefahr, der **Angst** dazu, so die Angst vor der Zukunft. Was man eigentlich vermeiden will und deshalb dafür Methoden entwickelt. Aber nicht bei allen ist es möglich, die Gefühle, die Emotionen in den Griff zu bekommen, dass man von ihnen überwältigt, psychisch krank wird.[101] Gefühle können so als politische Beeinflussungselemente benutzt werden. Schließlich möchte jedes Individuum sich irgendwie wohlfühlen, anerkannt werden. Man möchte nicht ungleich behandelt werden, man möchte dabei sein im Begehren nach sozialer Gleichheit. Das beständige Wir-Gefühl verlangt Gemeinsamkeit in jeder Beziehung, nicht nur beim Jubeln im Sieg der Fußballmannschaft.[102] Über den Verstand allein ist das nicht zu erreichen.

In der **kulturellen Entwicklung** von menschlichen Gruppen kommt noch das sinnliche Erleben, das Gefühl des Schönen vor, der Schönheit von Landschaften, von künstlerischen Schöpfungen. Das Wahrnehmen von Ästhetischem, von Harmonie und Disharmonie ist beim Men-

---

[98]   https://www.sueddeutsche.de/wissen/gemischte-gefuehle-heimatgefuehl-im-wohlfuehl-ort-1.1041384-3
       Seite 1 bis 3
[99]   https://www.klinikum.uni-heidelberg.de/fileadmin/zpm/psychiatrie/psych4psych/PP-Vorlesung.pdf
[100]   https://karrierebibel.de/psychisches-wohlbefinden/ hier besonders: hedonistisches Wohlbefinden.
[101]   https://www.psychologie-heute.de/leben/40044-gefuehle-betrachten.html
[102]   https://www.zeit.de/kultur/2018-10/emotionen-politik-emanzipation-gerechtigkeit-
       leiderfahrungen/seite-3 Bernadette Grubner, 24.10.2018

schen breit veranlagt, bereits Gesetzmäßigkeiten und Normen zählen dazu , sie können Ausdruck der Fähigkeit von Beurteilung und Bewertung und Kriterien vom kulturellen Entwicklungsstand eines **Volkes** sein. Zu ihm gehört die Vorstellung von einem Dualismus[103] als Erklärungs- und Ordnungs-Stütze der Erkenntnis dieser Welt, nämlich in zwei Wertungspolen bzw. Gegensatzpaaren: **Ver- und Misstrauen**, in der Ethik gut und böse usw. Die Gegensätze von Vernunft und Instinkt, von Vernunft und Gefühlen u.a. sind nicht so klar zu erkennen. Es kommt daher auf die Bedeutung an, die wir den einzelnen sprachlichen Begriffen beilegen, z.B. Wissen und Nichtwissen. *Besonders die **praktische Ethik** ist durch eine ganze Reihe von Interessenfaktoren gekennzeichnet, wie sie auch für politisches und ökonomisches Verhalten typisch sind und die je eigene Dualismen ausbilden, die auf eine kaum noch überschaubare Weise wechselwirken und sich überlagern können.* Der **ethische Dualismus** ist vielfach in der Geschichte der Menschheit zu finden, z.B. in Konflikten.[104] Terror ist gegenwärtig.[105] Einige Terrorgruppen sehen sich als Freiheits- oder Religionskrieger.[106]

In der Realität von Regierung und Parlament auf der einen Seite und dem Volk, den Bürgern auf der anderen Seite ist **Vertrauen** von hervorragender Bedeutung, wobei die Bürger vielfach die Befriedigung ihrer eigenen Interessen gewichten. Das Parlament hat Einzelinteressen zu erforschen und zu überwölben, wobei naturgemäß einige unzufrieden zurückbleiben. Ob die Volksvertreter, der Teil des Parlament, der nicht zur Regierungspartei-Mehrheit gehört, noch ausreichend gehört werden, also mitbestimmen, um nicht Misstrauen aufkommen zu lassen, ist manchmal nicht klar.[107]

Das Völkische, das Deutschnationale.

Mit der kleinsten Einheit, einer Familie beginnt die **menschliche Gemeinschaft** mit der Aufgabe von Zeugung und Erziehung von Nachkommen. Für eine Gruppe von Individuen, die genetisch verbunden sind und ein bestimmtes geografisches Gebiet bewohnen, gebrauchen wir das Wort **Population** oder den gleichsinnigen Begriff Bevölkerung.[108] *Artgleiche Populationen lassen sich nicht derart scharf voneinander trennen, weil Immigrations- und Emigrationsphänomene von benachbarten Populationen auftreten (Metapopulation).*[109] Man geht davon aus, dass die reale und komplexe Entwicklung der Bevölkerung dem Prinzip der Selbstorganisation folgt, wo nur gewisse Rahmenbedingungen für ihren den Erhalt, z.B. im gesundheitlichen durch die Populationsforschung, im ökonomisch-ökologischen Bereich

---

103 https://de.wikipedia.org/wiki/Dualismus geistiger Ursprung
104 https://www.ssoar.info/ssoar/handle/document/31844
     https://books.google.de/books/about/T%C3%B6dliche_Konflikte.html?id=-oxKGQAACAAJ&redir_esc=y
     Sebastian Dorn, Konfliktgestaltung, Bachelorarbeit. 2013   https://monami.hs-
     mittweida.de/frontdoor/deliver/index/docId/3769/file/BACHELORARBEIT_Konfliktgestaltung_im_Film.pdf
105 https://zahlenbilder.de/welt/international/sicherheitspolitik/3426/islamistische-terrorgruppen
106 https://www.deutschlandfunk.de/die-terrorismusforscherin-carolin-goerzig-wie-
     lernen.1184.de.html?dram:article_id=421289
107 https://www.sueddeutsche.de/politik/bundestag-demokratie-wahlrecht-1.4587913
108 https://www.spektrum.de/lexikon/biologie-kompakt/population/9282
109 https://www.spektrum.de/lexikon/biologie/population/53119

durch den Staat etc. vorgegeben sind.[110] Da in der Population die Individuen mit ihren verschiedenen Eigenschaften ungleich verteilt und schwer erfassbar sind, wissen wir nur sehr bedingt etwas über die **Populationsgenetik** und die Optimierung der politisch-strategischen Steuerung, selbst Meinungsumfragen geben nur näherungsweise die Ansicht der Grundgesamtheit wieder und schon gar nicht deren Zustandekommen.[111]

*Was die Geschichtswissenschaft sucht, sind **Aufklärungen über menschliche Handlungen**, die sich auf die gesellschaftlichen und staatlichen Zustände der Gesamtheit beziehen; was die Naturwissenschaft in Bezug auf den Menschen erstrebt, ist die Erkenntnis seiner Herkunft, Entwicklung, Beschaffenheit und Wesenheit selbst. Der geschichtliche Mensch kann nicht von dem natürlichen getrennt werden.*[112] Die wissenschaftliche Genealogie fand 1904 dann eine entscheidende Förderung im privaten Bereich zum Zweck der Bestandserhebung und der Personen- und **Familiengeschichte**. Auch die Universitäten griffen Anfang des 20. Jahrhunderts auf diese Materialsammlung zurück. Von den Medizinern wurde die Ahnentafel zur genetischen Forschung eingesetzt. Auch die **Humangenetiker** nutzten diese neuen Erkenntnisse.[113] Die Psychiatrie erarbeitete das Wissen über vererbte Störungen. Die vorteilhaften Erfahrungen wurden unterschiedlich genutzt. Eine Schuld an der Erarbeitung des Gesetzes von 1933 zur Verhütung erbkranken Nachwuchses räumten die deutschen Humangenetiker erst relativ spät ein. Die wissenschaftlichen Forschungs-Ergebnisse wurden im Dritten Reich missbraucht.[114] Heute heißt es: *Der Fakt natürlicher genetischer Verschiedenheit dürfe nicht zur Diskriminierungen verwendet werden.*

Im Bereich des späteren Deutschen Reiches war das Abstammungsprinzip (ius sanguins) zugleich Voraussetzung für eine **Staatsbürgerschaft**, für eine Einbürgerung[88], wenn man vom „Ausland" kam. Einzelne Staatsangehörigkeitsgesetze gab es erst im Laufe des 19. Jahrhunderts. Im Deutschen Bund (1867) und im Kaiserreich (ab 1871) gab es keine einheitliche Staatsangehörigkeit und damit dem Grunde nach auch **keinen „Deutschen"**. Bis 1934 galt nach der Weimarer Verfassung (Artikel 110) der Einzelstaat als Gesetzgebungsinstanz, z.B. war der in Thüringen[89] geborene Thüringer zugleich Angehöriger des Deutschen Reiches. Als Nebenbedingung galt bei der Eintragung die Vorlage der Abstammungsnachweise über drei Generationen[90]. Zur Zeit der Kirchenbücher-Eintragungen[91] war man oft sogar nur ortsangehöriger Kirchzinspflichtiger innerhalb einer Region oder Hoch-Adelsherrschaft; man war als Untertan eingeteilt. Das landsmännische Bewusstsein scheint jedoch heute eher begrenzt zu sein.

Es kann nur spekulativ sein, wenn wir mit dem Sesshaftwerden zur Steinzeit auch schon das Zusammenwachsen von Familien in einen Personenverband mit einem definierten Oberhaupt und einem gemeinsamen Willen der Dorfgemeinschaft in kriegerischen u.a. Auseinandersetzungen mit anderen verbinden oder gar einer **Völkerschaft** in einem frühen Germanien[97], die zugleich eine Solidargemeinschaft war. Es ist unklar, wie der **„völkische"** Geist, der Wehr- und damit der Selbsterhaltungswille in Verbindung mit sittlichen Grundlagen entstand und gerade nach dem 1. Weltkrieg sich in völkischen Bünden oder im **Begriff des „Deutschseins"**

110   https://de.wikipedia.org/wiki/Evolution%C3%A4res_Management
111   https://de.wikipedia.org/wiki/Grundgesamtheit
       https://books.google.de/books?id=AT0G50DEgVUC&pg=PA11#v=onepage https://tinyurl.com/s6rsow5
112   Lorenzi, 1898, 26, zitiert in: http://www.genetalogie.de/frueh/genealogie/html/frueh1a.html
       Lehrbuch der gesamten wissenschaftlichen Genealogie. https://tinyurl.com/rz7y3n7
113   http://www.genetalogie.de/frueh/genealogie/html/fruehabb1.html Sippschaftstafel. 1911
114   https://www.moz.de/artikel-ansicht/dg/0/1/20959/

bzw. völkischer Eigenart wiederfand.[115] Einzig die Sprache scheint das verbindende Traditionsband zwischen den Untertanen verschiedener Regionen gewesen zu sein. Erst im 19. Jahrhundert erwachte so etwas wie die Suche nach einer Volkskunde, wobei man zunächst das „niedere Volk" von der „gebildeten" unterschied und „volkstümlich" mit dem biederen gemeinen interpretierte. Aber gerade die Geschichtsforscher interessierten sich für das nun neue wissenschaftliche Gebiet.[116]

Im ähnlichen Sinne gab es damals **völkische** Bewegungen unterschiedlichster Art und Beteiligungen, dagegen gilt völkisch heute oft als veraltet und eine völkische Bewegung wird trotz ihrer großen Heterogenität gemäß dem jetzigen Zeitgeist in den Bereich einer radikalen Rechten zugesellt. Wer sich als „völkisch" bezeichnete, war und ist aber keineswegs **rechtsextrem**[117] – nach heutigem Jargon *gegen den Kernbestand unserer Verfassung* – sondern stand nur unter der Maxime, sich für das Volk einsetzen zu müssen. Die Bezeichnung rechtsextrem wie rechtsradikal fällt unter die Abwägung zur Meinungsfreiheit, sie ist ein Werturteil.[118] Die Grenze zur Volksverhetzung darf nicht überschritten werden, andererseits darf nicht die Unwahrheit gesagt werden.[119] Das gilt besonders für historische Fakten. insbesondere, wenn das ausdrücklich in Abrede gestellt wird und man hätte das prüfen können.[120] Man sollte berücksichtigen, dass *das Bildungsbürgertum und die Eliten der Weimarer Republik keine Widerstandskraft gegen die nationalsozialistischen Machtübernahme und Verbrechen geweckt hat.*[121] Diese fatale Situation sollte durch gewissenhafte Prüfung ausgeschlossen werden.

Konform mit der Weimarer Verfassung von 1919 ist die Tatsache , dass die Geschicke des Staates vom Volk inspiriert werden. Der Rat der Volksbeauftragten fasste am 12.11.1918 sogar den Beschluss der Freiheit der Religionsausübung. Im **Volksbund** wird die Auffassung unterstützt, Kirche und Staat zu trennen.[122] Das ist jedoch nicht realisiert worden. Bei der Inhomogenität innerhalb einer Gemeinschaft in einem Staat gibt es eben auch aktive Personen, die **Heimatlieder lieben**, die aber von anderen als Außenseiter beschimpft werden.[123] Die **Heimatverbundenheit** kommt historisch begründet besonders im **Volkslied** oder der

---

[115] Rasehorn, Otto. Der völkische Freiheitkämpfer. In: Erich Ludendorff, München: Ludendorffs Verlag. 1938, S. 515ff.
[116] Bagus, Anita. Volkskultur in der bildungsbürgerlichen Welt. Dissertation Universität Gießen. 2002/2005. Jung, Walter. Ideologische Voraussetzungen… in der völkischen Bewegung der Anfangsjahre der Weimarer Republik. Dissertation Universität Göttingen, 2000. S.11. siehe folgende Fußnote.
[117] https://de.wikipedia.org/wiki/Politisches_Spektrum 18.saec. links = revolutionär/ republikanisch, in der heutigen politischen Landschaft werden die politischen Randbereiche meist abwertend gekennzeichnet (Gegner), zusätzliche Eigenschaft radikal, extrem. An der Vereinfachung wird. Kritik geübt.
https://ediss.uni-goettingen.de/bitstream/handle/11858/00-1735-0000-0006-B4BD-2/jung.pdf?sequence=1
https://www.bpb.de/politik/extremismus/rechtsextremismus/41312/was-ist-rechtsextrem?p=all
https://www.cicero.de/innenpolitik/Joachim-Gauck-rechts-konservativ-Merkel-links 04.06.2019
[118] 17.09.2012 BVerfG AZ 1 BvR 2979/10 keine Schmähkritik
[119] https://www.recht-gegen-rechts.de/gesetze-gegen-rechts/volksverhetzung.html
[120] https://ludendorff.info/der-bund-fuer-gotterkenntnis/was-wir-sind-und-was-wir-nicht-sind/
[121] https://www.grin.com/document/230113 Boenicke, Rosemarie. Bildung und Wissensgesellschaft. Springer. 2006, S. 61 https://www.ibw.uni-heidelberg.de/staff/boenicke.html
[122] https://de.wikipedia.org/wiki/Dachverband_freier_Weltanschauungsgemeinschaften
https://de.wikipedia.org/wiki/Trennung_zwischen_Staat_und_religi%C3%B6sen_Institutionen
https://www.bring-together.de/de/gemeinschaft/ratgeber/ich-bin-neu/warum-brauchen-wir-heute-wieder-mehr-gemeinschaft 2016 *wir sind eine vereinzelte und sozial desolate Gesellschaft geworden.*
[123] https://www.hausarbeiten.de/document/212547   Kapitel 1. Rabich, GRIN-Verlag.ISBN 9783656453611

Volksmusik[124] zur Geltung, sie wurden gesammelt, erforscht[125] und zur **nationalen Identifizierung** genutzt, Sie waren und sind von besonderem Wert und daher von Missbrauch freizuhalten,[126]

Das verbindende Gemeinsame in den Überzeugungen und Verhaltensweisen kann zu einer „kollektiven Identität, einer **Nation**" hinführen, die sich wiederum wegen der Unterschiedlichkeit zu anderen abgrenzt. Von besonderer Bedeutung ist die Vergangenheit, vornehmlich dann, wenn sich die Nation gegen andere hat verteidigen müssen und dies in der Erinnerung haften blieb. Darüber kann sich eine Internationalität aufbauen oder politisch aufgebaut werden. *Insbesondere die 2008 begonnene Eurokrise* in der Europäischen Union *hat gezeigt, dass es weiterhin starke nationale Identitäten gibt und ebenso starke* Vorurteile *gegenüber anderen Nationen.*[127] Das Zusammenwachsen zu einer übergeordneten Nation oder höheren Einheit ist ein langsamer Prozess und hinterlässt oft unter den Individuen Unzufriedenheiten, weil sie oft mit persönlichen finanziellen Einbußen und des Stolzes auf die eigene Nation einhergeht.[128] Ein **Heimatbewußtsein** ist da fern. Die Nationalhymne ist nur ein Symbol.

In der Vergangenheit, wo das Bauerntum und damit die Bindung an das Nahrung bringende Land wichtig war, war die Nachbarschaft von Bedeutung, die „Grenzen" steckten das „Eigentum" ab. Das Miteinander erhielt durch das Zusammenleben einen natürlichen gewachsenen kulturellen Aspekt, das Volkslied zeugte von innerer Zusammengehörigkeit, vor allem im seelischen Bereich. Die Ethnizität bestimmt die **Identität**. Es bedurfte keiner verbindenden Wertevorstellung, denn diese waren ja ein Ergebnis von örtlicher Gemeinschaft und Kultur. Die Duldung von Einwanderern, von Fremden zeigt geschichtlich schon immer Konfliktsituationen auf, der Fremde musste sich um eine Integration, die mehr ist als nur geduldet zu werden ist, selbst bemühen. Erst die Notwendigkeit hinreichender Zahl von Arbeitskräften zwang die Behörden zu besonderen Maßnahmen.[129] Nach den verlorenen Weltkriegen wurden zahlreiche Individuen „umgesiedelt", verloren ihre ursprüngliche Heimat und deren Kultur. Auch die Politik zwang Menschen, ein neues Zuhause zu suchen, nach dem Zweiten Weltkrieg verdichteten mehr als 12 Millionen Deutsche Flüchtlinge oder Vertriebene die einheimische Bevölkerung und oft nicht ohne Eingliederungs-Reibungen.

Eigenheiten einer bestimmten (deutschen) Gemeinschaft.

Die Familie ist mehr als eine Wohngemeinschaft, ein Miteinander in „einem Haus", mehr als das, was wir durch ein „Wir-Gefühl" charakterisieren. Eine Gemeinschaft ist zwar das Grundelement unserer menschlichen Gesellschaft, in der Familie zählt die Blutsverwandtschaft, in unserer heutigen Gemeinschaft sind Interessensgleichheiten z.B. in Arbeit, Spiel, Freizeit etc. das Einigende. Aber es gab auch soziale Gleichheiten, die einen Zusammenhalt erzeugten. Es entstehen Empfindungen von Gefühlen, von Benachteiligungen und Gerechtigkeiten. Parteien

---

[124] https://www.stadlpost.at/die-super-hitparade-der-volksmusik-bei-deutsches-musik-fernsehen/
[125] https://www.dhm.de/archiv/ausstellungen/wahlverwandtschaft/identitaet.htm Herder
[126] https://de.wikipedia.org/wiki/Deutsches_Volkslied
[127] https://de.wikipedia.org/wiki/Nationale_Identit%C3%A4t
[128] https://www.cicero.de/innenpolitik/patriotismus-laesst-sich-missbrauchen/51201 U.Wagner, Universität
[129] http://www.bpb.de/gesellschaft/migration/dossier-migration-ALT/56355/migration-1871-1950

suchen nach Wegen zur Machtsteuerung sozialer Gefälle, insbesondere über die Gesetzgebung und in der Finanzpolitik. Man sieht die Menschen als Konsumenten, als Teile eines Absatzmarktes, die Menschen rechnen sich im Leben nach Geldverfügbarkeit und –bedarf.[130] In Vereinen ergänzt man freiwillig das Fehlende, wenn nicht schon Tradition eine Richtung zur eigenen, engeren Heimat und zum lokalen Umwelt- und Naturschutz aufzeigt.

Wir sind heutzutage gewohnt, zu glauben, dass demokratisch sei, seine Meinung frei sagen zu dürfen und notwendigerweise seine der herrschenden anzupassen, so gab es Mitte des 19. Jahrhunderts einen sprachgewaltigen Schriftsteller *in aufrechter Tradition der bürgerlichen Demokratie*, der zwar patriotischen Stimmungen als Folge der deutschen Kleinstaaterei anhing, andererseits emigrieren musste.[131] Johannes Scherr gehört zu denjenigen unverbogen Schreibern, der so schreibt wie er denkt.

*Wenn er das "Germanentum" liebt, dann liebt er die großen **Tugenden** dieses ehemaligen Volksstammes, die da Mut, Stärke, Fleiß, Bescheidenheit, Wahrhaftigkeit, Gerechtigkeitssinn, Freiheitlichkeit und selbstlose Hingabe für die Gemeinschaft sind. Und er ist nicht so blind, auch die **Beschränktheiten dieses Volkes** zu sehen, die es immer wieder in Krisen und Untergangsszenarien gestürzt hat. Den **deutschen Nationalismus**, der zum 1.Weltkrieg geführt hat und die schreckliche Entartung des deutschen Volkes durch einen wahnsinnigen Volksverführer Adolf Hitler brauchte er nicht mit zu erleben. „Besinnt Euch endlich der großen Tugenden Eurer Vorfahren und eifert diesen nach, und bekämpft alles kleinlich egoistisch Rücksichtslose, ansonsten werdet Ihr erneut dem Abgrund entgegen gehen."[132]*

Ein Journalist von heute schreibt dagegen: *Deutschsein ist ein relativer Begriff.* als richtige Handlungsmaxime sei vielmehr die Würde des Menschen anzusehen.[133] Die Vergangenheit müsse man kritisch sehen. Eine andere Journalistin meint, der Grad zwischen Bewahren und Abschotten sei schmal. *Die Geschichte hat die Deutschen gelehrt im Zweifel besser nicht zu viel **Patriotismus** an den Tag zu legen – es sei denn, es ist Fußball-WM. Dann sind wir alle Schwarz-Rot-Gold. Heimatfarben.*[134]

Im Dritten Reich wurde die **völkische Einheit** beschworen, das Undeutsche, der Gemeinschaft Fremde ausgegrenzt.[135] Heute sind völkisch-nationalistische Gesellschaftsbilder verpönt oder werden als überholt verfemt[136] Aber so richtig weiß niemand, warum eigentlich, ist es die Mode des Schuldgefühls infolge einer kurzzeitigen Diktatur? Deshalb: *Mit diesem Reader wollen wir einen Beitrag leisten, diesen Abgrenzungsmechanismus zu hinterfragen*

---

130   https://www.bring-together.de/de/gemeinschaft/ratgeber/ich-bin-neu/warum-brauchen-wir-heute-wieder-mehr-gemeinschaft

131   https://syndikalismusforschungvt.wordpress.com/2011/08/15/sprachgewalt-johannes-scherr-ein-burgerlicher-demokrat/ 2011

132   Aus einer Rezension zu J. Scherr „Zweitausend Jahre…". https://www.amazon.de/product-reviews/3826219279/ref=acr_arpsims_text?ie=UTF8&showViewpoints=1 Markuslöwe23.7. 2006 https://www.amazon.de/Germania-Zwei-Jahrtausende-deutsche-Kulturgeschichte/dp/3826219279 Vgl. Fußnote 114

133   Ullrich Wickert, Identifiziert Euch, Piper, 2019, S. 207 und S. 174, S. 199

134   https://www.nw.de/nachrichten/zwischen_weser_und_rhein/21954248_Wie-Parteien-versuchen-der-AfD-den-Begriff-Heimat-abzujagen.html Miriam Scharlibbe, 2017

135   https://tinyurl.com/yxfhqwrx Bücherverbrennung 1933

136   Fußnote 8, S. 63unten, S. 78 usw. **Ulrich Wickert**. Jedoch: Coerw Krüger, *völkisch-nationalistische Ideologien im Bundestagswahlkampf 1994*, in: vorvorige Fn. Diss.Göttingen, S. 76ff. https://de.wikipedia.org/wiki/Ulrich_Wickert https://de.wikipedia.org/wiki/Erwin_Wickert

und wissenschaftlich zu beleuchten. *Welche Grundlagen und Ursprünge hat der **Nationalismus**? Wie ist der **Glaube an eine „völkisch" zusammengehörende Nation** mit Rassismus, Antisemitismus und anderen Ungleichwertigkeitsvorstellungen verzahnt? In welchen Formen tritt **Patrotismus und Nationalismus** auf und gibt es zwischen beiden eigentlich einen Unterschied?*[137] Immer möge man dabei bedenken, so etwas wie ein „völkisch" vertretender Rechtspopulismus entsteht hauptsächlich da, wo eine Regierung sich mit dem Volk nicht mehr identifiziert, ein Gefühl der Nicht-Wirksamkeit der politischen Kräfte im Volk entstehen lässt. Wie diesem Missstand erfolgreich zu begegnen ist, kann selbst in einer Partei Uneinigkeit hervorrufen und diese muss dann durch eine Konsens-Strategie bereinigt werden.[138]

Man tut sich in der Politik schwer, sich mit dem Volk zu identifizieren, zu heterogen sind die landes- und regional bezogenen Unterschiede.[139] Der **Begriff** vom Vertrauten, *der **Heimat** erfährt im Rahmen der Nationalbewegung des 19. Jahrhunderts eine Politisierung. Die national-liberalen Kräfte im Land verlangen nach Einigkeit in dem staatlich zersplitterten Deutschland.*[140] Im Zweiten Weltkrieg verliert das Deutsche Volk den inneren Halt, weshalb der **Heimatfilm** die Idylle innerer Zufriedenheit wieder herzustellen suchte, aber es gelang nur zum Teil, weil andere Interessen wie solche wirtschaftlicher Art verfolgt wurden. Aber der seelische Bereich mit der Heimat bleibt, ist oft sogar Rückzugsgebiet des Menschen.[141]

Mit **Heimat** wird u.a. das in längerer Zeit entstandene Brauchtum einer Region beschrieben wie z.B. der Alpen-Region (Südtirol), schon der Anblick der hohen Berge und ihrer Gestalt löst etwas **Seelisches** in den Menschen aus, was in ihren Sitten und ihrer Religiosität sowie Kultur zum Ausdruck kommt. Das weitgehend Unbestimmte umfasst charakteristische Empfindungen, Stimmungen, Sympathien und Gewohnheiten, vielleicht die innere Sehnsucht nach etwas Gemeinsamen, nach etwas Erhaltbarem.[142] Die Bezeichnung wird auch gebraucht von den Journalisten in Phrasen, z.B. „die **Volksseele** kocht", wo ein gemeinsames plötzliches Protestgefühl laut wird. wo die Bevölkerung aufgebracht ist.[143] *Mir fällt auf, dass die Volksseele vor allem bei den sozial Schwachen kocht. Gegenüber Reichen ist man toleranter,* sagt ein Sozialarbeiter.[144]

Dass **Wort Heimat** wurde auch in Verbindung mit anderen Begriffen als Unterscheidungsmerkmal benutzt, wobei z.B. die Bevölkerung in der „Heimat" als Front zwischen Kämpfern in Kriegen zum Begriff der **Heimatfront** verschmolzen wurde.[145] Ohne die nicht bewaffnete Unterstützung sind in moderner Zeit keine Kriege zu führen, weil die Zivilbevölkerung Munition o.a. in der sogenannten Kriegswirtschaft liefern musste. Im Zweiten Weltkrieg forderte man die Menschen in der Heimat auf, ihren Beitrag zu leisten. Anderseits war die Zivilbevölkerung ohnehin im Luftkrieg Ziel der Bombenangriffe, so im ersten Weltkrieg am 24.

---

[137] https://tinyurl.com/y4plqtcw https://www.google.com/ Zur Kritik des Nationalismus_2017
[138] https://tinyurl.com/yxgefrdw afd zur Pegida-Einschätzung Handelsblatt 16.12.2014
[139] https://de.wikipedia.org/wiki/Wir_sind_das_Volk
[140] https://www.planet-wissen.de/kultur/brauchtum/heimat/index.html
[141] https://freilandmuseum.de/forschung/ausstellungen/wechselausstellungen-auswahl/volk-heimat-dorf-beendet.html https://www.udo-leuschner.de/sehn-sucht/sehn-sucht/s02heimweh.htm
[142] https://anthrowiki.at/Volksseele https://de.wikipedia.org/wiki/Volksgeist
https://www.textlog.de/schlagworte-volksseele-herder.html
[143] https://tinyurl.com/v6d42p5 Silke Fürst, Medien Journal 4/2018
[144] https://www.zentralplus.ch/die-volksseele-kocht-vor-allem-bei-den-sozial-schwachen-757359/?-N%C3%B6!_htm/feed/feed/ Walter Schmid, Hochschule Luzern
[145] https://de.wikipedia.org/wiki/Heimatfront

August 1914 Mühlheim.[146] Ebenfalls mit dem Regionalbereich Heimat sind Begriffe wie Heimatdichter, Heimatmarkt, Heimatpflege, Heimattreffen usw. zu sehen. Bekannt sind einige **Heimatdichter**, die sich der heimatlichen Landschaft mit ihrem Volkstum widmen. Besonders ist der Heidedichter Hermann Löns als begnadeter Naturschilderer vielen Kindern nahegebracht worden.[147] Als Mundartdichter werden häufig genannt der niederdeutsche Lyriker und Seelsorger Augustin Wibbelt, der schwäbische Eduard von Mörike und der Mecklenburger Erzähler Fritz Reuter.[148] Fritz Reuter wurde zu Festungshaft verurteilt: *Blot in uns' Versammlungen un unner vir Ogen hadden wi von Ding' redt, de jetzt up apne Strat fri utschrigt warden, von Dütschlands Friheit und Einigkeit. Äwer taum Handeln wiren wi tau swack.* Das Plattdeutsche geht immer weiter zurück, ein Stück Heimat verschwindet aus den Schulstuben und -klassen.

Das Werden der (deutschen) Nation.

*Strukturelle Voraussetzung für den Aufschwung der **patriotischen Diskussion** in der zweiten Hälfte des 18. Jahrhunderts war der Aus- und Umbau der spätabsolutistischen Dynastien zu modernen Staatswesen mit bürokratischer Rationalisierung, dem Versuch der Zurückschneidung kirchlichen Einflusses, einigen Agrar- und Militärreformen sowie einer überall zu beobachtenden Ausweitung des **Beamtenapparats**.[149]* Der kämpfende und siegende Held wurde zu einem männlichen Symbol, die Kopplung von Tod und Vaterlandsliebe. Da musste auch ein Feindbild her, was von verschiedener Seite aufgebaut wurde, das die Gemeinsamkeit des Abwehrkampfes fördern konnte.

Mit einigen wenigen rangen die Deutschen jahrhundertelang um das Zustandekommen einer **Nation**, mit der jedes Individuum im Reich sich als „typisch deutsch" identifizieren konnte. Was man in den letzten Jahrhunderten darunter verstand, zeigt die Auflistung der verschiedenen Auffassungen deutscher kultureller Exponenten.[150] Das sich Bilden einheitlichen Verständnisses und Aneignen **deutscher Sprache** in Dichtung und anderen Künsten ist u.a. ein Merkmal des Zustandes einer Nation.[151] Dabei ist es bei diesem Prozess unausweichlich, dass nicht alle Individuen sich diesem Standard beugten, sie blieben Außenseiter ähnlich einem „integrierten" Fremden in die Nation, wenn er seine typisch heimatlichen Gewohnheiten nicht ablegt. Deshalb muss man fragen: wann waren wir wirklich und sind wir heute eine vollkommene Nation oder nur ein Gemenge von Interessensgemeinschaften?? Und sich des einen (erst einmal) bewusst werden und es nicht hauptsächlich als Ausgrenzung von "Fremden!", **Nichtnationalem** zu verstehen. Erst ein parteipolitisches Denken schuf so etwas wie kämpferisches Gegnertum, eine Abgrenzung gegenüber anderen.

---

[146] https://www.lpb-bw.de/geschichte_ersterweltkrieg00.html Ernst Otto Braunsche
       https://www.dw.com/de/zwischen-k%C3%BCche-und-fabrik-frauen-an-der-heimatfront/a-17842220
[147] https://www.welt.de/regionales/niedersachsen/article157881658/Heimatdichter-Hermann-Loens-bleibt-umstritten.html 1866 – 1914 in Fr4ankreich gefallen, Lüneburger Heide
[148] https://de.wikipedia.org/wiki/Fritz_Reuter 1810 bis 1874
[149] http://www.bpb.de/apuz/28089/nation-und-nationalismus-in-der-deutschen-geschichte?p=all
[150] https://tinyurl.com/ur3qxu2 Dieter Borchmeyer 2017
[151] https://de.wikipedia.org/wiki/Nationenbildung

Die Individuen in späteren geographischen Bereich Deutschlands waren über lange Zeit zumeist Untertanen, was sie abzuschütteln suchten, sodass geschichtlich sowohl die Staatsform als auch das Werden des Volkes nicht sauber stabilisierte, begrifflich setzte man Volk und Nation gleich.[152] Die Regierung des Staates nahm die „Geschäfte" des Volks wahr, so 1920 im Völkerbund oder später in den Vereinten Nationen. Sie sah sich als dazu legitimiert an, heute als repräsentative Demokratie, in der Parteien über die staatliche Machtausübung das Sagen haben.[153]

*Eine an die Nation gerichtete Rede, die von Vernunft und Verantwortung, von großer Anstrengung, von möglicher Rettung handelt. Man muss sich **nationale Mandate** erarbeiten, damit **übernationale** Verantwortungsleistungen gelingen.*[154] Die Angst, Verunsicherung vor **Heimat- und Nations-Verlust** ergreift gerade den Teil des Volkes bzw. der Gesellschaft, der seine Person betroffen – ja bedroht sieht von einen Verfremdungs- und Radikalisierungsprozess, wo soll das noch hingehen?[155] Diese Wagenburgmentalität ist ein Schutzmechanismus. Das Bekenntnis des **Deutschnationalen**, von Tradition etc. ist weder historisch noch real wegzudenken, allerdings dient der Begriff manchem entgegen seiner eigentlichen Bedeutung zum Verfemen.[156]

Geschichtlich *bestand die Attraktivität des nationalen Gedankens in dieser Situation darin, dass er sowohl einen Brückenschlag zur Vergangenheit ermöglichte und somit stabilisierend wirkte als auch Hoffnungen und Erwartungen bündelte, die sich auf eine verbesserte Zukunft richteten.*[157] **Eine Nation ist eine Seele**, *ein geistiges Prinzip. Zwei Dinge, die in Wahrheit nur eins sind, machen diese Seele, dieses geistige Prinzip aus. Das eine ist der gemeinsame Besitz eines reichen Erbes an Erinnerungen, der andere das gegenwärtige Einvernehmen, der Wunsch, zusammenzuleben, der Wille, das Erbe hochzuhalten, welches man ungeteilt empfangen hat.*[158]

*In bemerkenswerter Eindeutigkeit haben die Wahlen in der DDR vom 18.03.1990 gezeigt, dass für ihre Bürger die **Idee der Nation** keineswegs nur eine leere Formel ist, hinter der sich andere, konkretere Ziele verbergen. Sie steht nicht nur für eine emotionale Identifikation mit der gemeinsamen Vergangenheit der Deutschen.*[159] Bedurfte es nach dem Zweiten Weltkrieg und der Hitler-Diktatur noch eines Nationalbewusstseins mit Vergangenheit? Sollte die kritische Sicht nicht kreativ genutzt werden. wobei das Prinzip der Selbstbestimmung realisiert wird. Da scheiden sich bereits die Geister, die Respektierung der **gewachsenen Kultur** und das Kulturerbe, zu dem unsere historischen Bauwerke in den Städten und Dörfern zählen und zumeist unter **Denkmalschutz** stehen[160], scheint reduziert zu werden auf ein Minimum im

---

152 https://link.springer.com/chapter/10.1007/978-3-663-10291-5_4 1997
153 https://www.geschichtsforum.de/thema/definitionen-von-volk-staat-und-nation.12966/ 2006
154 https://www.zeit.de/2019/02/nation-demokratie-freiheit-selbstbestimmung/seite-2
155 https://www.sueddeutsche.de/politik/aussage-von-spd-chef-sigmar-gabriel-und-das-problem-mit-deutschnational-1.2337780-2 Historiker Uwe Puschner, im Interview mit Lars Langenau.- 6..2.2015
156 https://groups.google.com/forum/#!topic/de.sci.geschichte/ZQ0kWLKxpY4 2001
     https://geschichte.fandom.com/wiki/Deutschnational
157 https://www.kas.de/c/document_library/get_file?uuid=dd7d4d65-9915-3b2d-b79f-6bb7372971f1&groupId=252038
158 Ernest Renan 1882, s. vorige Fußnote zitiert.
159 http://library.fes.de/gmh/main/pdf-files/gmh/1990/1990-05-a-263.pdf
160 https://www.denkmalschutz.de/service/heimatkampagne.html

Gewand neuer politischer Interessen, in denen **Heimat** höchstens noch einen menschlichen Hintergrund hat.

*Die **Heimatschutzbewegung** wurde einst von einem breiten öffentlichen Interesse getragen. Warum haben die Menschen damals, ausgehend von ihrer heimatlichen Umgebung, ein Gespür für ihre gebaute und gestaltete Umwelt entwickelt? 1897 wurde von Ernst Rudorff der Begriff «Heimatschutz» geprägt, der als Gründervater der ökologischen Bewegung gilt. Unter Heimatschutz verstand man die Bewahrung von Naturräumen und Kulturlandschaften, die Erhaltung von prägenden Zeugnissen der gebauten Umwelt, die lebendige Bewahrung der Volkskunst, die man als musterhaft und beispielgebend für die Zukunft empfand. **Zur Heimat gehörten** nicht nur Bauwerke, sondern auch die Natur, die gebaute Umwelt, die vielfältigen regionalen Eigenarten in Kultur, Sprache und Lebensweise. Die Bewahrung des kulturellen Erbes sollte nur die Grundlage sein, um an die **ererbte Kultur** anzuknüpfen. Das überlieferte kulturelle Erbe muss für die Gegenwart, für die heute lebenden Menschen nutzbar gemacht werden..*[161] Über die örtliche Gebundenheit von bauwerklichen Denkmalen ist der Heimatgedanke regionalisiert. Er lädt Touristen wie Zuwanderer ein, sich mit der örtlich gewachsenen Kultur intensiv und menschlich zu befassen.[162] Das hilft, Konflikte abzubauen.

Da in der Weltordnung die künstliche Schaffung einer europäischen Nation notwendig scheint, wird der einzelne Nationalstaat zu klein für größere Vorhaben, aber das entstehende neue europäische Verwaltungsgebilde erzeugt Anfälligkeiten, Risiken. *Mehr europäische Integration ist der eiserharte Realismus derjenigen, die ihre **Heimat** lieben. Wie immer gilt: Wenn alles beim Alten bleiben soll, muss sich alles ändern. Dabei soll ein **neuer emotionaler Zugang** für alle Individuen entstehen, Wenn **Europa** seinen Reichtum und seine zivilisatorische Kraft erhalten will, dann hängt vieles davon ab, ob es Jahrhunderte nach Erfindung des Nationalstaates die Lebensbedingungen auf seinem Kontinent erneut entscheidend weiterentwickeln kann.*[163] Wie soll der „neue" Europäer fühlen und denken, ja für Europa sterben bei den gegenwärtigen Sonderinteressen einzelner Nationalstaaten?

Für die Menschen in Europa ist die europäische Integration vorantreibende Europäische Kommission weit entfernt, eine direkte Beziehung zu ihr haben sie nicht. *Die eingesetzten Kommissare vertreten nicht ihre Heimatländer, sondern sind an die europäischen Interessen und Ideen gebunden. Der Kommissionspräsident gibt die Richtlinien der politischen Arbeit der Kommission vor.*[164] Sie ist eine Verwaltungseinheit mit Abteilungen (Generaldirektionen) und beschäftigt 32 Tausend Personen. Manchen erscheint sie als ein Verwaltungsungetüm, was die Kommission selbst als Mythos bezeichnet, aber nichts entgegen zu setzen hat.[165] Das Bundesministerium, das den Begriff **Heimat** im Titel führt, erklärt: *Unser Ziel ist die Neubelebung und -verortung einer gemeinsamen Identität und eines belastbaren Wertefundaments, das uns verbindet. Aufgabe ist es, den Zusammenhalt, das **Gemeinschaftsgefühl** und die Identifikation in bzw. mit unserem Land zu erhöhen.*[166] Da die Europäische Union als eine **Kulturgemeinschaft** anzusehen ist, erhielt das zuständige Portfolio der neuen Kommissarin Mariya

---

161   https://edoc.hu-berlin.de/bitstream/handle/18452/7653/sym-donath.PDF Heimat und Denkmal
162   https://www.lwl.org/367-download/Heimat%20Westfalen/2018/HW_3_18_Internet.pdf Jena Gründler
163   https://www.nzz.ch/meinung/debatte/staat-und-nation-getrennt-denken-1.17789360
164   https://www.bundesregierung.de/breg-de/themen/europa/wie-funktioniert-europa/die-europaeische-kommission
165   https://ec.europa.eu/germany/news/eu-myths_de hier viele Mythen oder Abwertungen aufgeführt
166   https://www.bmi.bund.de/DE/themen/heimat-integration/heimat-integration-node.html

Gabriel (Bulgarien) dann im Namen auch das Wort Kultur.[167] Letztlich hat **Heimat** auch eine kulturelle Dimension. *Durch unsere Heimat sind wir vorgeprägt und sehen die Dinge in einem gewissen Licht. Diese spiegeln sich auch in Brauchtümern und Riten wieder.*[168] Das Heimatgefühl Europa der neuen Kommissionspräsidentin scheint eher eine Fiktion zu sein, denn wer fühlt sich dort „geborgen"? *Für viele in Europa ist Heimat ein Reich des Vertrauten, Überschaubaren, der Sicherheit und Solidarität, der Verbundenheit mit der eigenen Geschichte.*[169]

Anwendung von Verstand und Vernunft gesichert?

Die Menschen sind Teil der Natur und diese hat auf der Erde einen Ursprung und einen evolutionären Weg. Zu ihrer Artenvielfalt gehört der Mensch bzw. die Menschheit in ihrer Gesamtheit.[170] Er ist mit Begabungen ausgestattet, das Wahrgenommene geistig zu verarbeiten und Zusammenhänge zu erkennen, ja er kann mit Vernunft die Natur mitgestalten oder das Gegenteil davon, nämlich die Natur zerstören. Er kann sich gewissermaßen seine eigene Lebensnische schaffen, die Kultur seines Daseins aufwerten.[171] Dabei ist unleugbar, dass bei der Vielfalt der Menschen schon von der Genetik her jedes **Individuum** für sich steht, für seine Handlungsmotive, für sein Denken, wobei wir heute wissen, dass sich *die Intelligenz über verschiedene Länder hinweg stark in ihrem Mittelwert unterscheidet.*[172] Ein Unterscheidungs-Merkmal ist z.B., was das einzelne Individuum mit seinem Denkvermögen zu arbeiten anfängt, ob er hinreichenden Willen hat, von sich aus seinen Denkhorizont zu erweitern, einfach zu **lernen**. So auch bei Entscheidungen, wieweit **Gefühle** seine rationale Denkweise beeinflussen, Affekte und Emotionen sein Handeln lenken. Er muss überprüfen, ob er nicht gegensteuern kann oder muss.[173]

Während das Heimatgefühl beruhigend und wohltuend wirkt, erzeugt **Hass** ein negatives destruktives Gefühl, was aber rational verankert sein kann. Persönlichkeitsgebunden erzeugt er Abwertungsenergie und Beseitigungsabsichten. Oft denkt man sich in den anderen nicht hinein, denn Hass macht blind.[174] Man lehnt ihn z.B. deshalb einfach ab. In den Netzwerken kann man ungehindert „hassen" und hetzen, man greift einfach die Missliebigen an. Stellt man die Macher zur Rede, so reagieren sie nicht. Schwierig die die Hassredner oder -kommentatoren herauszufischen und sie kaltzustellen. Dennoch versucht man es.[175] Diskutieren und Argumentieren ist da außerhalb vernünftiger Ebene, vor allem, wenn Hass eigentlich die Bewältigungsstrategie für ungelöste eigene Probleme ist. Isolation hilft da kaum weiter.[176] Die

[167] https://www.kulturrat.de/presse/pressemitteilung/geht-doch-neue-eu-kulturkommissarin-traegt-nun-doch-kultur-im-namen/
[168] https://www.kas.de/web/heimat-heute/heimat-und-kultur
[169] https://www.sueddeutsche.de/politik/europa-eu-heimat-1.4397799 Stefan Ulrich 5.4.2019
[170] https://kulturkritik.net/quellen/sinnnatur.html http://scienceblogs.de/evolvimus/2010/11/25/nichts-macht-sinn-in-der-biologie/ Nils Cordes, 2010
[171] https://www.zeit.de/zeit-wissen/2014/01/mensch-evolution-zukunft/seite-3
[172] http://tinyurl.com/hqf69ll Heiner Rindermann
[173] https://tinyurl.com/wbyvzpw https://www.dasgehirn.info/denken/emotion/verstand-gegen-gefuehl?gclid=EAIaIQobChMIwPu5t4qs3AIVAQAAAB0BAAAAEAAYACAAEgJVzfD_BwE
[174] https://www.palverlag.de/lebenshilfe-abc/hass.html Hass vergiftet das Leben
[175] https://www.bosch-stiftung.de/de/story/mit-herz-und-verstand-gegen-den-hass
    https://www.themen-der-zeit.de/rubikon-geht-offline/
[176] https://www.belltower.news/argumente-von-der-psychologie-des-hasses-44048/

Heimat in Bedrängnis zu sehen, schafft Frust und Protest, ja kann in Hass und Fremden-feindlichkeit umschlagen, wie es der Gefühlsebene entspricht. *Wohl dem, der jetzt noch Heimat hat.*[177] Heimat ist nicht mit der Nützlichkeit zu verwechseln, wie es einige in der rundum propagierten Weltoffenheit sehen: *sie ist die Gaststätte, die Arztpraxis, der Kindergarten und die Grundschule in der Nähe.*[178] Verwerflich und gar nicht weltoffen dürfte sein, wenn man Hass z.B. einer bestimmten Gruppe, einer Partei pauschal als Leitmotiv zuschreibt.

Die menschlichen Individuen weisen bekanntermaßen eine Vielfalt und Merkmal-Streuung im Können und Verhalten auf, selbst dann, wenn sie einen (gleichen) Erziehungs- und kultureller Reifungsprozess gemeinsam durchlaufen haben.[179] Dabei spielen Begabungen, Neigungen und Intelligenzen bei der **Heterogenität des Menschen** eine besondere Rolle. Gerade diese scheint uns nicht nur Möglichkeiten der Auswahl und Optimierung zu bieten, auch wenn individuelle Grenzen und die jeweils als abgeschlossen geltende Population dies einschränken und immer wieder die Gleichheit oder Vergleichbarkeit betont und zu politischen Zielweisen herangezogen wird[180], wobei das Schlagwort **Chancengleichheit**[181] und multi-kulturelle Vor-teilhaftigkeit auch missverstanden werden kann.[182]

> *Solange es noch Verstand und Dummheit, Güte und Bosheit, Stärke und Schwäche in der Welt gibt, solange werden die Menschen sich nicht gleich sein.*[183]

Das **intuitive Schlussfolgern** bei neuen Sachlagen, das **kritische Hinterfragen** von dargebo-tenen Problemlösungen sind Leistungen, die dem Menschen eigen sind, aber nicht immer ge-nutzt zu werden scheinen – oder postnatal nicht genügend gelernt und ausgebildet wurde, ob-wohl sie Fundament des heutigen Menschen sein sollten, um im heutigen Staats- und Gesell-schafts-System eine eigene aktive Mitarbeit zu gewährleisten, zu denen z.B. die **unabhängi-ge Denkweise** eines Individuums gehört, also man nicht parteigebunden ist und eine kulturell sich gebildete Moral Leitbild[184] ist, wobei unentschieden ist, was unter Moral und einer Be-ziehung des Menschen zu einem „vollkommenen" Gott zu verstehen ist.[185] Ist es moralisch, Macht auszuüben ohne Kontrolle von Vernünftigkeit? Mancher Politiker versucht den Ein-druck eines „richtigen" Handelns zu vermitteln, aber es gibt innerhalb der Menschen immer solche, deren Erkenntnisfähigkeit höher als bei anderen ist und gleichzeitig sich in Verantwor-tung für **vernünftiges Handeln** sieht.[186] Das Einsatzgebiet wäre dann vornehmlich die Poli-tik, denn hier ist friedliches und soziales Leben nicht Allgemeingut. Als Mitglied des Gemein-

177 Friedrich Nietzsche. https://www.belltower.news/argumente-von-der-psychologie-des-hasses-44048/
     http://www.libica.org/salon/?p=746 Der Prozess der Vereinsamung oder einer Überfremdung
178 Clöaus Leggewie https://www.deutschlandfunkkultur.de/herd-heimat-hass-kapitulation-kommt-nicht-infrage.3720.de.html?dram:article_id=414783
179 https://epub.ub.uni-muenchen.de/2283/1/2283.pdf Kapitel 5.2 usw. 1978
180 Chancengleichheit bei Start (Begabung), zunächst unabhängig vom sozialen Umfeld https://www.bildung-und-begabung.de/begabungslotse/startseite-herzlich-willkommen/chancengleichheit-durch-individuelle-foerderung
181 https://www.boeckler.de/36707_36767.htm Die geistige (genetische) Kapazität bei allen voll ausnutzen!
182 https://www.menschenrechte.jugendnetz.de/menschenrechte/glossar/gleichheit/
     http://www.grundrechtefibel.de/fibel_gleichheit.html
183 August von Kotzebue https://de.wikipedia.org/wiki/August_von_Kotzebue 1761 – 1819 (ermordet durch Burschenschaftler) https://www.preussenchronik.de/ereignis_jsp/key=chronologie_005380.html
184 http://tinyurl.com/zk36snh
185 http://tinyurl.com/hssxp7q Religionsphilosophie
186 https://www.welt.de/wissenschaft/article119945856/Hat-der-Mensch-seine-eigene-Evolutiongestoppt.html

wesens, das historisch gewachsen ist und dessen Normen sich nicht allein aus der Vernunft ableiten lassen, hat er sich einzuordnen, seine Autonomie endet da.[187]

Da das Individuum in einer Gemeinschaft lebt, sucht es eine Verständigung mit seinen Artgenossen, die wiederum die jeweils übermittelten Informationen verarbeiten, allerdings in verschiedener Weise - je nach individuellem Vermögen und Fähigkeiten - aktiv und passiv, mehr oder weniger kritisch, besonders im Hinblick auf das Übernehmen von Informationen von anderen Individuen oder Institutionen. Gerade bei der Meinungsbildung und Einvernahme von Fremdinformationen in ein persönliches Wissen und Handeln gibt es **Probleme**, die im Bereich persönlicher Erfahrungen und der Kritik eigener Fehl-Einschätzungen liegen können, aber auch darin, Lügen, Täuschungen etc. zu erkennen, das Gemeinte, das Propagierte objektiv zu beurteilen und zu deuten.[188] *Die Überprüfung einzelner Tatsachenbehauptungen, das Erkennen von gefälschten Artikeln, das Aufspüren und Identifizieren von Trollen und die Bewertung der Glaubwürdigkeit von Nachrichtenquellen*, könnte dabei eine Möglichkeit des Einsatzes künstlicher Intelligenz sein.[189] Aber der Erfolg ist allein deshalb begrenzt, weil die Erzeuger von Falschnachrichten ihre Strategien auf das Erkennen, auf die entsprechenden Leaning-Algorithmen einstellen können.

Wir können feststellen, dass die modernen Kommunikationsmethoden im menschlichen Zusammenleben zum Angriff auf die **Wahrheit** und Glaubwürdigkeit bei den menschlichen Individuen genutzt werden können. Dabei wird oft vergessen, dass auch das Weglassen von Informationen ein Beeinflussen des Empfängers ist, da ein Verhindern, dass sich dieser selbst ein Bild macht, der Wirkung faktisch einer Propaganda gleichkommt.[190] Ähnliches Ergebnis wird erlangt, wenn man eine Meinung (dauerhaft) unwidersprochen vorgesetzt bekommt, denn schließlich glaubt man diese, selbst dann, wenn sie nicht einleuchtet. *Die Forderung nach **Objektivität**, als neutraler und unabhängiger Standpunkt, der Medien stößt naturgemäß an Grenzen. Es ist (journalistisch) nicht möglich, über alle vorhandenen Geschehnisse zu berichten; eine zusammenhängende Darstellung geht zwangsläufig einher mit einer Vorauswahl der Fakten.*[191]

Dabei taucht die Frage auf, ob Journalisten oder *PR-Praktiker lügen, lügen dürfen oder sogar müssen, was einige Wissenschaftler bejahen.*[192] Da kann man ethisch anderer Meinung sein, aber es geschieht unentwegt, manchmal bewusst und gezielt, manchmal unbewusst, weil man z.B. über nicht genügend eigene Informationen verfügt, aber trotzdem berichten muss. Oft muss man unter gewissenhafter „Prüfung" eine gezielte annehmen, wobei man dann auch fragen muss, wer der Adressat der Lüge sein soll und warum man das so macht, wo der einfache Bürger selbst nachkontrollieren könnte, wenn er sich der Mühe unterzieht, die relevanten Informationen nachzulesen. Aber das erspart sich der Leser zumeist. Zuweilen tun das andere für ihn, wie im Fall des Iran und des Atomdeals (Tagesschau 04.11.2019) z.B. andere Kommentatoren.[193]

[187] https://www.tagesspiegel.de/meinung/selbstbestimmung-auch-die-autonomie-hat-grenzen/8701730.html
[188] https://de.wikipedia.org/wiki/Kommunikation
[189] https://www.nextmedia-hamburg.de/ki-gegen-propaganda/ Andreas Moring 2019
[190] http://www.rhetorik.ch/Beeinflussen/Beeinflussen.html
https://www.heise.de/forum/Telepolis/Kommentare/AfD-gegen-Kultur-Ein-aussichtsloser-Kampf/Verfaelschung-durch-Weglassen-Propaganda/posting-35157127/show/
[191] https://de.wikipedia.org/wiki/Medienmanipulation
[192] https://link.springer.com/chapter/10.1007/978-3-531-92281-2_5 Günter Bentele, 2009
[193] https://deutsch.rt.com/meinung/94276-ard-tagesschau-und-aktuelle-iran-berichterstattung-einseitig-und-faktisch-falsch/ Jochen Mischka https://linkezeitung.de/2019/11/05/ard-tagesschau-und-die-aktuelle-iran-

Eine Verpflichtung auf einwandfreie und regelwidrige Journalisten-Arbeit ist (programmatisch) zugleich Ehrensache.[194] Aber die Selbstkontrolle ist nicht obligatorisch, weshalb sie missachtet wird.[195] Zudem ist es schwierig, die einzelnen Übeltäter öffentlich erfolgreich anzuprangern.[196] In den sozialen Netzwerken wie auch für **Wikipedia** Arbeitenden zeichnen nicht mit vollem Namen, weshalb sie wegen Falschheiten nicht ohne weiteres belangt werden können.[197] Aber der Leser kann diese auch nicht erkennen, so hält er etwas für glaubwürdig, was nicht ist. Eine um sich greifende, womöglich „gemachte" **Realitätsverweigerung** ist ein Phänomen unserer Zeit.[198]

*Das psychologische Phänomen, auf einem einmal akzeptierten **Glauben** auch dann noch zu beharren, wenn sich dieser Glaube als falsch erweist, ist eine Säule des sozialen Zusammenhalts und der Stabilität. Die Kehrseite der Beharrung auf eingeschliffenen Ansichten ist die Weigerung, Tatsachen anzuerkennen. **Demokratie** beruht auf der Annahme, dass Menschen vernünftige Wesen sind, die Argumente abwägen können und sich nicht einfach manipulieren lassen. Studien haben diese Annahme leider nicht bestätigt. Wenn keine politische Strömung das Verhalten der Regierung grundsätzlich in Frage stellt, kann eine Regierung unangefochten die Menschen täglich betrügen.[199]*

Wir in Deutschland genießen den Vorzug, die **Wirkung der Propaganda** – neumodisch und beschönigend Fakenews[200] - über die Massenmedien im Dritten Reich erfahren zu haben und sind eigentlich in der Lage, die Verwirklichung ethischer Grundsätze des Journalismus in der Praxis zu kontrollieren, zu überprüfen.[201] Das angesprochene Publikum macht da aber keinen allgemeinen Gebrauch von den Möglichkeiten der Beschwerde, des Einspruches, des Kommentars. Und diejenigen, die das ständig ausführen, werden vom Nichterfolg der Beschwerde genervt.[202] *Die „anerkannten journalistischen Grundsätze", vom Rundfunkstaatsvertrag zum Maßstab der Berichterstattung gemacht, sind aus der Tagesschau-Realität nach Unbekannt verzogen.* Im **Internet** tobt sich so mancher sogar als Informationsverkünder, als Lügen-Entdecker etc. aus, aber so mancher auch als einer, dem Ethik, Ehrlichkeit und Wahrheit abhanden gekommen sind.[203] Der Zweck Aufklärung ist vergessen oder beiseitegeschoben. Wie soll sich da einer zurechtfinden? Es zeigt sich: vielerorts fehlen der Menschheit oder den Gesellschaften **verbindliche Qualitätsmaßstäbe** und der Wille, diese auch einzuhalten. In der Technik wurden aus Gründen der Sicherheit Normen geschaffen, die über ein System der Ordnung verpflichtend gemacht wurden.[204] Die Verlässlichkeit der Einhaltung ist Maßstab

---

berichterstattung-einseitig-und-faktisch-falsch/ mit Zitierung https://deutsch.rt.com, ebenso: https://heimdallwardablog.wordpress.com/2019/11/05/ard-tagesschau-und-die-aktuelle-iran-berichterstattung-einseitig-und-faktisch-falsch/

[194] https://www.firstlife.de/journalistische-ethik-werte-kompass-in-den-medien/ Pressekodex.

[195] https://sptnkne.ws/AC4N Ilona Pfeffer 9.12.2019

[196] https://www.db-thueringen.de/servlets/MCRFileNodeServlet/dbt_derivate_00003483/leyendecker.pdf

[197] https://www.eike-klima-energie.eu/2019/11/23/artikel-krieg-auf-wikipedia-andreas-andol-lieb-uebt-bittere-vergeltung/ Beispiel

[198] https://deutsch.rt.com/meinung/95696-irrenhaus-deutschland-totungsdelikt-in-augsburg/ Jens Zimmer

[199] https://www.hintergrund.de/allgemein/warum-propaganda-die-wahrheit-uebertrumpft/ P.Cr.Roberts

[200] https://www.spiegel.de/forum/wissenschaft/propaganda-und-desinformation-bitte-nicht-mehr-fake-news-sagen-thread-718593-6.html

[201] https://www.br.de/telekolleg/faecher/deutsch/medienkompetenz/08-propaganda102.html

[202] https://publikumskonferenz.de/blog/ 17.11.2019 Fr. Klinkhammer, 1975 bis 20089 NDR, und V. Bräutigam, 1975 bis 1995 NDR, in memoriam Peter Scholl-Latour: *gegen mediale Massenverblödung*

[203] https://www.faz.net/aktuell/politik/inland/luegen-im-internet-spannen-ein-netz-der-verwirrung-14052436.html Mthias Müller von Blumencorn 2016

[204] https://www.din.de/de/ueber-normen-und-standards/normen-und-recht/rechtsverbindlichkeit-durch-normen

zi.B. im Gebrauch von Waren. *Jeder Anwender muss so viel Sachverstand haben, dass er die Verantwortung für sein Handeln selbst übernehmen kann.* In der Soziologie ist das nicht der Fall.[205] *Die Einhaltung sozialer Normen wird von Mitmenschen oder von Personen in einer bestimmten* **Machtposition** *(z. B. Lehrern) kontrolliert.* Der **Wert Wahrheit** ist relativ, er kann religiös basiert sein. *Der Mensch fühlt, denkt, erwägt, agiert und reagiert in einer Gesellschaft, aus der er sich nicht ausschließen kann. Umgeben von Menschen, Gesetzen, Regeln, Verboten und Geboten muss er sich seiner Umwelt fügen bzw. anpassen, da die zwischenmenschlichen Beziehungen sein Dasein auf einer gewissen Ebene bestimmen.*[206] Das einzelne Individuum akzeptiert eine Regel oder nicht, z.B. aus religiösen Gründen. Die Verträglichkeit von Religionsauffassungen mit nationalen Rechtsnormen ist jeweils zu prüfen.[207]

Was ausgesprochen negativ zu bewerten ist, dass die **Recherchierkunst zur Wahrheitsfindung** da scheitert, wo der Zugang verweigert wird, gewissen Interessensvertretern jedoch z.B. der Zugang zu den Sitzungen im Bundestag gewährt wird. *Schließlich finden „die für die Leistungsfähigkeit des Parlaments, ja des politischen Systems insgesamt funktional notwendigen Diskussionen ‚hinter verschlossenen Türen' statt (...), wo Entscheidungen vorbereitet, ausgehandelt und abgestimmt werden, also ‚Politik gemacht' wird). Das Fazit des Forschers Dr. Spohr ist in mehrere Themenbereiche gegliedert. Das erste und wohl wichtigste Ergebnis: Von einem gleichberechtigten Zugang für die diversen gesellschaftlichen und wirtschaftlichen Interessen zum Bundestag könne keine Rede sein. Stattdessen herrsche „ein großes Übergewicht wirtschaftlicher Interessen": „Es tummeln sich hinter den verschlossenen Türen des Bundestages zum größten Teil Wirtschaftslobbyisten.".*[208]

Übernahme von ungeprüften Informationen.

Jedes Individuum sammelt – ursächlich genetisch bedingt –zunehmend kognitive **Erfahrung.** In der heutigen psychologischen Praxis kann somit auf ein Denken als Simulation von Erfahrungen geschlossen, in die nach und nach persönliche unmittelbare Erfahrung – und auch **fremde Informationseinflüsse** - eingebaut, also gedeutet werden.[209] Ein positives Nutzen des Denkens kann unter bestimmten Voraussetzungen zu einem Erkenntnisgewinn führen, insbesondere dann, wenn dabei intensiv Gebrauch vom **kritischen Denken** gemacht wird. Der eine oder andere übernimmt nicht nur „Erfahrung", sondern überlegt darüber hinaus und sinnt nach Verständnis von Zusammenhängen. Vermutlich setzt wissenschaftlichen Denkens erst in einer relativ späten kulturellen Epoche ein, mancher hält es schon im Altertum für gegeben, wobei der Begriff „wissenschaftlich" verschwommen ist[210[, immer sollte wenigstens die

---

[205]   https://www.wissen.de/bildwb/normen-und-werte-leitlinien-fuer-die-gesellschaft
        https://de.wikipedia.org/wiki/Soziale_Norm
[206]   https://www.grin.com/document/118764   Nicole Wegmann 2006
[207]   https://www.fau.de/files/2013/10/Der-Islam-im-demokratischen-Rechtsstaat.pdf
[208]   Sarcinelli, Ulrich (2011): Politische Kommunikation in Deutschland. Medien und Politikvermittlung im
        demokratischen System, 3. erweiterte und überarbeitete Auflage, Wiesbaden: S.272
        https://regierungsforschung.de/wp-
        content/uploads/2019/10/17102019_regierungsforschung.de_Spohr_Hausausweise-Interessenvertreter.pdf
[209]   http://tinyurl.com/hxsvjjb   https://tinyurl.com/jmffsu s Kognitionspsychologie
[210]   https://tinyurl.com/zlctta6 S.134

Nachvollziehbarkeit der jeweiligen gedanklichen Vorgehensweise enthalten sein bzw. vorausgesetzt werden können.[211]

Hinsichtlich einer **Beeinflussbarkeit des Individuums** sind psychologisch stabile Zustände günstiger einzuschätzen als Schwankungen, z.b. in Trends, die mit **Angstgefühlen** gepaart sein können, vor allem, wenn ihre Größe *nicht vorhersehbar ist, was zu Unsicherheiten und Irritationen Anlass gibt. Instabile Zustände bedingen eine hohe* **Suggestibilität.** *Selbst kleine Gerüchte können großen Einfluss haben, weil sie auf Menschen in einen instabilen Zustand treffen. Man ist leicht beeinflussbar und passt sich Meinungen anderer an.*[212] Beispiele hierfür sind **Katastrophen** an Kernkraft-Reaktoren und solche des Klimas, die zudem in Ursachen, Dauer, Höhe und Auswirkung unbestimmt sind. So werden z.b. bereits die Rauchfahnen aus Schornsteinen für Fanale schädlichen CO_2 gehalten, aber dieses Gas ist unsichtbar.[213] Bei allem muss man sich auch vergegenwärtigen, dass die Informationen an einen herangetragen, vermittelt werden, wobei die Grenzen zwischen Vorstellung und Realität verwischt werden – beispielhaft im **Fernsehbild**[214] – , ja nicht nur das, sie werden dort mit den Mitteln der Kommunikation sogar mit Vermutungen, Falschnachrichten usw. vermengt; oft es schwierig – oder gar unmöglich – Realitätsbeschreibungen von Interpretationen eines einzelnen Menschen zu unterscheiden. Der Mensch unterliegt – besonderes beim Anschauen von **Bildern** – der Illusion, er verstünde das Objekt, aber deutet es es vielleicht nicht richtig: was sieht er bei der Temperaturverteilung der Luft vom Satelliten aus? Offenbar ist sie nicht gleichmäßig, aber auf den Mittelwert kann man daraus wohl auch nicht schließen?[215]

Das ist aber gerade die Crux unserer Zeit: das **Analysiervermögen des Individuums** von Problemen oder Hypothesen hat individuelle Grenzen. Manchmal kann das Individuum sich sogar nicht wehren, denn wie soll er die Wahrheit herausfinden? Vielen Informationen wird das Nachvollziehen erschwert, weil die (originären) Informationsquellen verschwiegen werden oder man nur auf die Einschätzung eines Journalisten verweist. Das wiederum erschwert nicht nur eine **vernünftige** argumentative Auseinandersetzung, insbesondere beim Austausch von Meinungen; sondern es hilft, dass der Mächtigere (an Meinungsmache[216]) gewinnt. Hat ein Bürger ein informatives oder zu änderndes Anliegen, z.B. in der Art einer Petition, so ist es keineswegs gewiss, dass dieser hinreichend Aufmerksamkeit gewidmet oder ihr entsprochen wird.[217] Denkerische Initiativen aus dem Potenzial des „Volkes" ersticken dann auch. Ein Brainstorming findet dort nicht statt.[218]

Nun wird öfter behauptet, dass viele Menschen dann, wenn sie mit ihrem Leben zufrieden sind und keinen Einbruch in ihr Wohlbefinden zu erwarten haben, einfach nach dem **Prinzip des laisszfaire**[219] ihr Dasein verbringen. *Es wird sich schon alles hinläppern,* warum soll man da eingreifen? Oder – man hat doch keinen Einfluss, warum denken und sich abmühen? Die wichtigste wissenschaftliche Stütze der **Laissez-faire-Doktrin** ist die Theorie, wonach freie und vom Wettbewerb beherrschte Märkte Angebot und Nachfrage in ein Gleichgewicht bringen und dadurch eine optimale Zuordnung der Ressourcen gewährleisten. In der Realität ist das jedoch nicht gewährleistet, wie man am Finanzmarkt studieren kann, die Informationen

211 http://tinyurl.com/zxrzqcm
212 http://tinyurl.com/z8svcbh Abschnitt 5. S. 85
213 https://tinyurl.com/h74lt69
214 http://tinyurl.com/jexta2j S. 59
215 http://tinyurl.com/j9lnbtd
216 http://tinyurl.com/hs3k59h
217 Rabich, Adalbert. Meinungsbildung. 2016, GRIN-Verlag. ISBN 9783668225053
218 https://www.grin.com/document/266228 Rabich, 2013 GRIN-Verlag. ISBN 9783656570295
219 https://de.wikipedia.org/wiki/Laissez-faire

und Erwartungen sind nicht mehr gleichgewichtet auf die Markt-Teilnehmer verteilt. Das Handeln unter einem vernünftigen Aspekt wird erschwert.

Der Mensch in dieser Welt ist aber ein denkendes Wesen, das all diesen Betrachtungen über die Prozessontologie der Selbstorganisation nicht nur kritisch gegenübersteht, sondern auch in Handlungen umsetzen kann, wobei wiederum die **Vernunft** eine große Rolle spielt.[220] *Der Mensch ist zwar das einzige im wahrsten Sinne mit Vernunft begabte Wesen, aber er ist eben doch, wie sich aus seiner Gehirnstruktur ableiten lässt, kein reines Vernunftwesen. In 2000 Generationen hat sich offenbar die genetische Grundstruktur erhalten, weshalb die Ethik ein luftschloßartiges Gebilde bleiben müsse,* wenn der Mensch sich nicht rückbesinnt auf seine ureigensten Pflichten als kulturell ausgereiftes „vernünftiges" Lebewesen. Der Mensch hat ein „natürliches" Empfinden für Zustände wie Gerechtigkeit, Schönheit, Vernünftigkeit, aber eben nicht alle Menschen in gleicher Weise, in gleichem Maße. Das menschliche Empfinden, das Gefühl ist auch ein Entwicklungsprodukt und kulturabhängig.

Ab wann ein Individuum nun befähigt ist, **Eigenverantwortung** – auch im Zusammenspiel mit einer Gemeinschaft – zu übernehmen, ist oft unklar.[221] Fordern kann man zwar so manches, aber ein Entscheiden sollte zur Zufriedenheit aller ausfallen, sittlich begründet, möglichst **vernünftig** sein. *Der Drifter lässt sich einfach vom Strom des Lebens mitreißen, wolle nicht kontrollieren, planen und steuern, sondern stattdessen ein situatives Selbst entwickeln.* Vernünftig handeln, setzt Reife und Denken voraus. *Die richtige Abwägung ethischer Güter und ihre Durchsetzung setzt **Tugend** voraus.*[222] Die Tugend wiederum beruht nicht nur auf dem hierfür nötigen Erkennen, sondern auch auf Gewöhnung, die durch Erziehung und soziale Praxis erreicht werden kann. Liegen hier Mängel vor, gelten diese als Einschränkungen und deshalb ist nicht jeder geeignet, in einem System der Selbstorganisation effektiv tätig zu werden.

In der Regel sind wir heutigen Menschen davon überzeugt, dass wir uns in einer Zeit eines Überganges von Vergangenheit zur Zukunft befinden und kurzzeitig während unserer Lebenszeit an einer Evolution der Weltordnung teilnehmen und bereits eine Entwicklungsstufe erreicht haben, wo **Vernunft**[223] waltet, wo allgemein „vernünftig" gehandelt wird, also dem Anspruch an ein Mindestmaß an Wert und Moral gerecht wird, das sich die Menschen jedoch selbst zur Orientierung setzen, normieren, ja zum Leitbild von **Rationalität** gemacht wurden.[224] Aber die Regeln dazu werden nicht überall und zu jeder Zeit eingehalten, was wir mit unserem Verstand feststellen können, z.B. aus unterschiedlicher Motivlage an Religiosität, Ideologie usw. heraus.[225] Wir können annehmen, dass die heute als Begriffe verwendeten Eigenschaften wie gut, vernünftig ursprünglich diffus, unscharf waren; sie drückten lediglich eine **ethische Denkrichtung**, z.B. für das Zusammenleben in einer Gemeinschaft aus. Im 18. Jahrhundert überwand dann die Aufklärung die Schranken zur Vernunft, nüchterne Argumente waren gefragt, während wir heute offensichtlich wieder mehr moralisch politisieren.

[220] https://tinyurl.com/y5hwrwbd Wolfang Böcher, Selbstorganisation, Verantwortung, Gesellschaft. Springer. 2013 ISBN 3322835790 (//Vorgänger, Westdeutscher Verlag 1996)
[221] https://www.zukunftsinstitut.de/artikel/wir-gesellschaft/selbstorganisation-formt-unsere-zukunft/
[222] https://de.wikipedia.org/wiki/Ethik vgl. https://tinyurlcom/yxtdssd6 Das enthüllte Preussen, 1845,100
[223] https://de.wikipedia.org/wiki/Vernunft
[224] https://www.alternativ-report.de/2019/03/27/ende-eines-zeitalters-die-vernunft-ist-auf-dem-rueckzug/
[225] https://link.springer.com/chapter/10.1007/978-3-531-92835-7_8

Für so manches Individuum sind die Forderungen nach Vernunft nicht konkret genug. So bleibt nicht aus, dass sich so mancher fragt, wo das Gemenge an Vernünftigem und Unvernünftigen, an Rationalem und Emotionalem wohl hinsteuert oder gesteuert wird und ob das einzelne Individuum „Unvernünftiges" überhaupt und wie verhindern kann und dazu womöglich Religion, den Glauben zu Hilfe nimmt.[226] Manche empfinden, in und mit Vernunft zu handeln, sei eher lästig, das Ausleben in Emotionen beschränkend. Aber es gibt die Erkenntnis dieser Einseitigkeit und Gefahr in der Wirklichkeit. *Wer von Politik **vernünftige** Entscheidungen erwartet, hat nicht begriffen, dass der Wille zur Macht stärker ist als jede Vernunft.*[227]

Dass die menschlichen Individuen verschieden sind, ist eine Tatsache, was insbesondere für die Kognition und die Erkenntnisse, die zu Entscheidungen führen, zutrifft. Dabei ändert sich der Zustand der Heterogenität[228] sowohl beim Individuum als bei den Individuen zueinander. Mancher vermeint, durch Selbstorganisation könne die Leistungsfähigkeit der Gemeinschaft und die Arbeitseffizienz der Mitarbeiter gesteigert werden, aber die Erfahrung lehrt, dass eine einheitliche Richtung ohne Leitung schwierig zu finden ist und diese ohne ausreichend kompetente und zur Zusammenarbeit willige Mitarbeiter auch nicht richtig funktioniert.[229] In der **Politik** liegt ein Zustand vor, dass *die Entscheidungen, von denjenigen, die von der Entscheidung betroffen sind, weitgehend entkoppelt sind.* Dann kann eine **soziale Selbstorganisation** kaum oder nicht stattfinden.[230] In einer **Demokratie** ist es erfahrungsgemäß extrem wichtig, die bestmögliche Zusammensetzung von Teams zu entdecken, die die anstehenden oder kommenden Aufgaben **vernünftig** gestalten und erledigen.[231]

So soll gerade die Vernunft in Auseinandersetzungen von Staaten entscheiden helfen, wie weit die möglichen Kollateralschäden real zu vermeiden oder zu minimieren sind. Gehört das **Abwägen des Risikos** nicht zu den elementaren Instrumenten der Vernunft? Weshalb tut sich die Wissenschaft mit der unvoreingenommenen Analyse gegenüber der emotionalen Überbetonung so schwer? Sind es die verschiedenen Denkformen in der kulturellen Entwicklung? *Die von Extremisten angebotenen Rezepte und Dogmen kommen dem Bedürfnis nach einfachen Erklärungen und nach leichten Schuldzuweisungen entgegen. Der Extremismus erkauft sich Scheinsicherheiten, indem er sich auf angeblich höhere Wahrheiten beruft und dabei einen großen Teil des im Prinzip vorhandenen Wissens als ketzerisch, unmoralisch oder frevelhaft zurückweist.*[232] So können sich Auseinandersetzungen von sich verfestigenden Religionen etc. ausgehen, aber auch unzureichendes Vermögen zu Problemlösungen.

Um zu erkennen, **was vernünftig** ist, benötigt man nicht nur Zeit, sondern vor allem die Fähigkeit zur **inhaltlichen Analyse** auf Werte wie richtungsweisend, sich bewährend, grenzüberschreitend zum philosophischen, durch sich selbst rechtfertigend. Offensichtlich ist Weit-

---

226 http://tinyurl.com/y2rzx8m4 Mathias Mühe, Ratio und Religio. aventinus varia Nr. 38 [24.02.2013] / PerspektivRäume Jg. 2 (2011) Heft 1, S. 61-70

227 http://www.roland-baader.de/macht-oder-vernunft-warum-die-weltfinanzkrise-nicht-vernunftig-gelost-wird/

228 https://userpages.uni-koblenz.de/~luetjen/sose12/abegrhe.pdf

229 https://tinyurl.com/yye7v24e https://www.researchgate.net/publication/283546750_Wertschaffende_Komplexitat_und_Selbstorganisation

230 https://www.graswurzel.net/gwr/2001/10/soziale-selbstorganisation-und-demokratie/ https://tinyurl.com/yyjxwt5i

231 https://tinyurl.com/y2f6hw2v Verschiedenheit nutzen

232 http://home.bautz.de/neuerscheinungen-2010/pdf/9783883095677.pdf S.9

sicht im Handeln gefragt, insbesondere in Verantwortung der Handlungsfolgen auch für ande-re, eine Eigenschaft bei den Individuen, die gering verbreitet ist, weshalb der Anteil der Men-schen, die ein Aufgaben-Problem z.b. über den weiteren Weg und die Erhaltung der Gesamt-heit[233], nicht selbständig für sich aufklären kann, relativ klein ist, aber eben gerade aus diesem Grunde von einer Minderheiten-Gruppe regiert werden kann und wird. Es gibt keine Automa-tik der **Kontrolle der Vernünftigkeit**, schon gar nicht, wenn eine Kritik unterdrückt wird.

Nur in Segmenten der Politikfelder ist eine spezifische **Kontrolle auf Vernunft** möglich, z.B. der Energiepolitik. Früher war eine Kernfrage die Machbarkeit, d.h. die einer vernünftigen Planung und man betrachtete danach die einzelnen Parameter, der Funktionalität und Effizi-enz. Da konnte die **Ideologie** nicht triumphieren. Aber nun trat an die Stelle herkömmlicher Politik das **scheinbar Vernünftige**, wenn es denn die Mehrheit der Meinungen im Volk situa-tiv repräsentierte.[234] Die wechselseitige Stützung der Politik mit der herrschenden oder ge-lenkten Meinung eröffnet Möglichkeiten der Machtergreifung, der Machbarkeiten, <u>unabhän-gig von Vernunft, Vernünftigkeit</u>. *Die Freiheit der Meinungsäußerung wird legitimiert über die Freiheit der Vernunft.*[235] Das vernunftbegabte Ich steht im Wettbewerb mit dem Vernunft-gebrauch anderer und es muss sich zeigen, ob sich in der Öffentlichkeit die Vernunft durch-setzt.[236]

Wir müssen heute erkennen, dass die europäischen Demokratien von einem Zeitalter der Ver-nunft noch ziemlich weit entfernt sind. Die Vorstellung, dass Demokratien gut geölte Dis-kursmaschinen sind, in denen „der zwanglose Zwang der besseren Argumentation" stets den Sieg davonträgt, sei freilich immer schon „ein regulatives Ideal" gewesen und keine Be-schreibung der gesellschaftlichen Wirklichkeit,[237] Die „nomokratische" Idee könne nur so lange funktionieren, wie ein **Wertekonsens** *bestehe, der überstimmte Minderheiten motiviere, Mehrheitsentscheidungen auch anzuerkennen.*[238]

Solange die Individuen in einer politischen Ordnungsform als Untertanen behandelt werden, gestaltete das Zusammenleben der Machthaber. In der (heutigen) Demokratie entscheiden die wahlberechtigten Bürger durch ihre Wahl über die Zusammensetzung des Parlaments durch Parteien und sind über deren Vertreter am jeweiligen Entscheidungsprozess, an der Gestal-tung beteiligt, wobei Minderheiten in der Regel gegenüber der Mehrheit benachteiligt sind, wodurch ein Teil der Bevölkerung marginalisiert wird.[239] Eine Demokratie ohne adäquaten Minderheitenschutz kann diese Organisationsform unglaubwürdig machen. Aber die bloße Beteiligung ist keine Garantie, dass sich die Vernünftigkeit durchsetzt. Man kann dann jedoch die Besserwisser als für die normale Demokratie gefährlich deuten, wenn sie betont Eigenin-

---

[233] https://www.zeit.de/1964/39/die-diktatur-der-vernunft Peter R. Hofstätter, 25. Todestag von S. Freud. https://www.finanznachrichten/wirtschaft/diese-statistik-erklaert-warum-so-viele-deutsche-dumme-kommentare-schreiben_H587268946_370099/ http://tinyurl.com/y3mf86yq
[234] https://www.zeit.de/kultur/2018-07/angela-merkel-regierungszeit-regierungsstil-politisches-system/seite-3
[235] https://tinyurl.com/y5369s2s S. 78 J.Keienburg, Imm. Kant und die Öffentlichkeit der Vernu9nft.2011
[236] Johannes Keienburg, Immanuel Kant und die Öffentlichkeit der Vernunft. 2011, ISBN 9783110259308
[237] https://www.deutschlandfunkkultur.de/demokratie-in-der-sinnkrise-ist-das-zeitalter-der-vernunft.2162.de.html?dram:article_id=439972
[238] https://www.deutschlandfunkkultur.de/egon-flaig-die-niederlage-der-politischen-vernunft-braucht.1270.de.html?dram:article_id=386061 2017
[239] https://budrich.de/Zeitschriften/Leseprobe/GWP_2018_3_14_Fischer.pdf Chr. Fischer, Minderheiten?

teressen verfolgen.[240] Ausreichende Erfahrungen liegen nicht vor, nur eines ist gewiss: im Parlament wird nicht nur sachlich argumentiert.[241] Fehlentwicklungen können so nicht vermieden werden.[242]

Trotz der Pluralität und Streuung der Auffassungen, Meinungen usw. spricht man von einer Meinung des Volkes und will diese durch Befragungen und Umfragen herausforschen, wobei man zugleich weiß, dass der Aussagewert wegen fehlender Repräsentativität[243] etc. seine Grenzen wie Unsicherheiten des Befragens, Messens hat. *Der normale Bürger hat das statistisch-empirische Hintergrundwissen nicht*[244], vielleicht ist doch etwas dran und warum soll er da kritisch sein? Wenn man doch wissenschaftlich berechtigte Zweifel hat, warum benützt man diese "Forschungs"ergebnisse trotzdem? Weil sie jemanden nützt?[245]

Die Geschichte als Lehrmeister.

In der heutigen „modernen" Welt scheint Geschichte und Tradition nur noch bedingt von Wert zu sein[246], wobei man insbesondere die herrschenden Vorstellungen über die Geschehnisse der vergangenen Zeit als Bezug nimmt.[247] Diese sind jedoch nicht frei vom subjektiven Kenntnisstand sowie von Bewertungen und auch von Gefühlen, die die Objektivität trüben. Johannes Scherr erklärt 1860: *Wahrheitseifer und Gerechtigkeitssinn müssen Grundbedingung für den Historiker sein. Allein sei seine Objektivität keine einseitige, auch die mit Recht geforderte Unparteilichkeit keine mühsam erkünstelte. Er belehre, rege an und überzeuge.*[248] Das ist wichtig, *denn* gerade die regionale Geschichte gehört vielfach zum Umfeld der Bildung eines persönlichen Heimatgefühls. Schlimm ist es, wenn durch die Geschichtsschreibung oder die politisch gewollte Erzeugung eines Geschichtsbildes ein Bruch mit dem **Traditionellen** eintritt, wie beispielsweise in Deutschland weit über die moralische Verdammung der Untaten der NSDAP-Diktatur hinaus. Die Gegnerschaft zum Nazitum zeichnet sich nicht als Ausdruck von Objektivität aus, sie scheint nicht selten durch Emotionen geprägt.[249] Man-

---

[240] https://www.tagesspiegel.de/berlin/wahl-serie-demokratie-besserwisserische-minderheiten-sind-gefaehrlich-fuer-die-demokratie/14427134.html
[241] https://www.freitag.de/autoren/felix-werdermann/die-angst-vor-der-mehrheit
https://www.amazon.de/Parlament-Entscheidungsgremiumin-deutschen-Bundesrepublik-Parlaments-Beobachter/dp/3656733910 Rabich. 2014 bei GRIN-Verlag ISBN-13 978-3656733911
[242] https://tradition.de/autoren/adalbert-rabich-23467/werden-wir-optimal-regiert-was-denkt-das-volk-darueber-paperback-109812/
[243] https://www.deutschlandfunk.de/methodenstreit-der-meinungsforschung-was-ist-repraesentativ.724.de.html?dram:article_id=434924
[244] https://www.deutschlandfunk.de/methodenstreit-der-meinungsforschung-was-ist-repraesentativ.724.de.html?dram:article_id=434924
[245] https://tradition.de/autoren/adalbert-rabich-23467/das-individuum-paperback-102118/ 2018
[246] Beschrieben in: https://www.grin.com/document/141577 S. 6 bis 9
[247] Dönhoff, Marion Gräfin. Wandel der Wahrheit. Die Zeit 45/1997
[248] Johannes Scherr, Genesis, Geist und Gestalt der neuzeitlichen Geschichtsschreibung. Hammerschläge und Historien, Bd. 1, S. 5ffr. Leipzig. 1872 und 1882 Rede 1860 im Rathaussaal in Zürich
[249] https://www.stiftung-20-juli-1944.de/reden/die-vielfaltigkeit-und-widerspruchlichkeit-der-gegnerschaft-zum-nationalsozialismus-sichtbar-machen-prof-dr-peter-steinbach-19071989

cher Eiferer ist einfach gegen „rechts", weil es zur richtigen Modernität gehört.[250] Mancher wertet einfach nur ab, weil der Gegner anderer Ansicht ist und er vergisst dabei, dass ein solcher Eifer nicht nur gegen die verstandesgemäße Ordnung, sondern auch gegen die guten Sitten verstößt.[251] Ähnlich geht es zu mit dem Begriff der **Tradition**, wieso ist die Verwendung von Tradition „überholt", wieso ist sie „rückständig", gar etwas primitiv Schlechtes? Dabei ist Tradition ein Bewahren von Kultur, von erworbenem Wissen.[252]

Wenn das Historische in der Wirkung und in der Erinnerung mit Religiösem oder Ideologischem verbrämt wird[253], dann geht auch das über in das **Heimatgefühl** des einzelnen Individuums. So kann in Verbindung mit einer Staatsbürgerschaft ein **Patriotismus** ins Spiel kommen und damit eine innere Abwehr vom „anderen", des „außen" entstehen. In jedem Fall will man einer Unsicherheit des Verhaltens und Entscheidens entgehen.[254] Wird die Sehnsucht des Einzelnen nach Geborgenheit oft mit dem zeitgemäßen Heimatgefühl befriedigt, dann sollte man sich – wie einige meinen - von der Vergangenheit und solchem Heimatgefühl befreien, denn die eingebundenen Tabus stören beim Abwerfen von Vergangenheits-Ballast und dem Aufbau übernationaler, globaler Sinngebung.[255] Das würde den Blick für das „andere" einengen, wo wir doch global und europäisch zu denken haben, wo die Nation „Deutschland" Heimat ist für alle, *die unter den Bedingungen des humanen Staates leben und dafür haften wollen.*

Das Heimatgefühl in der Realität.[256]

In unserer globalen Welt scheint ein Heimatgefühl keinen Platz mehr zu haben. Ist Heimat das aus einem kitschigen Heimatroman oder was ist es? Der Mensch hat ein instinktives Grundbedürfnis: er will einen persönlichen Platz in dieser Welt finden[257]. Damit ist aber nicht nur die Gegend um den Geburts- oder Lebensort gemeint, sondern auch der Ort in der menschlichen Gesellschaft – und in dieser nicht nur in der Jetztzeit, sondern auch, wo er herkommt, wo er hingeht. War bis 1970 Heimatkunde – und auch Landeskunde – ein Lernfach in der Grundschule, wurde es dann durch Sachkunde ersetzt. Damit ging eine gefühlsbetonte und langlebige Verknüpfung verloren. Die Möglichkeit für das Erlangen von Wissen um seine unmittelbare Umgebung war nun nicht mehr als elementares Fundament für eine Identität gewährleistet, dass es doch nach der Meinung vieler Landsleute galt, weiter auszubauen zu einem ver-

[250] https://www.nzz.ch/meinung/wer-zuerst-rechts-ruft-hat-gewonnen-warum-der-kampf-gegen-rechts-gefaehrlich-ist-ld.1494940

[251] https://www.bosch-stiftung.de/de/story/mit-herz-und-verstand-gegen-den-hass
https://www.nzz.ch/meinung/wer-zuerst-rechts-ruft-hat-gewonnen-warum-der-kampf-gegen-rechts-gefaehrlich-ist-ld.1494940 Lucien Scherer 2019

[252] https://de.wikipedia.org/wiki/Tradition kulturelles Erbe

[253] https://www.amazon.de/Das-Zeitalter-Irrationalen-Okkultismus-Jahrhundert/dp/3865391524

[254] https://www.berliner-zeitung.de/politik/psychologin-im-interview--die-gleichsetzung-von-heimat-und-staat-ist-verhaengnisvoll--28566444

[255] Ulrich Wickert. https://www.perlentaucher.de/stichwort/heimatgefuehl.html S. 205-207 weiter beispielhaft: https://www.perlentaucher.de/stichwort/heimatgefuehl.html

[256] https://www.hausarbeiten.de/document/141577 Kapitel 0. Rabich, GRIN-Verlag. 2009
https://www.google.com/search?client=firefox-b-d&q=HEIMATGEF%C3%9CHL

[257] Daum, Egbert. Heimat machen, über Verbindungen von Ort und Selbst. Heimatpflege in Westfalen 20(2007) S. 1 bis 10.

lässlichen inneren Beziehungsgeflecht zu Sachen und Personen. Früh identifizierten die Alt-vorderen dasjenige, was jenseits der Heimat war, mit Elend, sie steht im Gegensatz zur fami-liären und dörflichen Geborgenheit[258]. Heimatgefühl ist eben mehr als nur geographische Ortsbestimmung[259], es ist ein Geschöpf einer eigenen, wenn auch subjektiven immateriellen Welt, die man nicht bloß aus dem Internet holt und das Wissen vermehrt, man muss es auch verstehen und nutzen können. Der Historiker Peter Blickle formuliert das so: *dass Heimat letztlich nicht mit dem Verstand zu begreifen ist, sondern sich nur dem erschließt, der sich emotional mit ihr identifiziert.*[260] Der Dichter Goethe formuliert das in seinem Theaterstück „Faust" so: *Was Du ererbt von Deinen Vätern, erwirb es, um es zu besitzen.*

Zum **Heimatgefühl** gehört naturgemäß die Abstammung von Vorfahren, die Blutsverwandt-schaft, die Standortbestimmung im Geschlecht und in der Gesellschaft. Man ist nicht nur ein Erzeugungsprodukt, sondern ein durch Gene mitbestimmter Naturbestandteil, etwas Leben-diges, ein in Jahrmillionen entwickelte Notwendigkeit unserer Natur, unserer biologischen Welt und damit unseres Universums. Der einzelne ist – wie schon seit Beginn der organischen Welt – nur ein Teil, ja ein winziger innerhalb der Vielfalt unseres irdischen Systems. Dessen bewusst zu werden – und die Grenzen seiner Macht in der Natur zu erkennen, dazu hat er seit seiner Existenz als *homo sapiens* Geist, Verstand und Vernunft. Heimatgefühl ist ohne die Einbindung in die Blutsverwandtschaft, in die kleinste Gesellschaft, der Familie, in die Her-kunft faktisch nur „gelernt", nicht psychisch erfasst. Dabei ist unsere heutige Einstellung oft bei einem Wissen über die Großeltern hinaus nicht vorhanden – und bei der heraufziehenden Mobilität tatsächlich ohne Heimat. Die Identität mit der Nation als Deutscher schlummerte zwar über 30 Generationen, fand aber erst später seine Realität und ist heute etwas begrifflich Unscharfes[261]. Nur noch begrenzte Völker auf unserer Erde bewahren das Altbewährte zäh, für sie ist Tradition noch von Wert. Für viele ist zur Wirklichkeit geworden, dass nichts Be-ständiges mehr erwartet werden kann[262], weil sich die Dimensionen der Blutsverwandtschaft, der sozialen „Gerechtigkeit" usw. wandeln. Wohl dem, der fühlt, dass ihm etwas fehlt, der sich nunmehr anstrengt, dass genetisch Bestimmte sinnvoll in die Menschheits-Entwicklung einzuordnen, und wenn, dann in eine wahrscheinlichkeitsbegründete Tendenz der Fortent-wicklung in die Zukunft[263].

In Europa ist der moderne Mensch seit mehreren Jahrzehntausenden zu Hause. Er streifte in den meisten Gegenden herum, um Nahrung zu finden, einfach, um weiter zu leben. Lediglich bei einem festen (vorübergehenden) Wohnsitz in Höhlen hinterlässt er Spuren seines künstle-rischen Könnens, seines Gefühls zu seiner Umwelt, zu Tieren. Er weiß aus Erfahrung, dass erst die menschliche Gemeinschaft für ihn die Voraussetzung schafft, im Kampf ums Über-leben auch tatsächlich zu gewinnen. Allerdings ist sein Anteil am Verbrauch der Natur-Vor-

[258] Lischka, Konrad. Ein Ort namens Heimat. www.areturbecker.de/Presse/stinte/rez002.html
[259] Bindung vornehmlich an geografische Räume, jedoch eben nicht nur, auch bei Schriftstellern
       https://www.deutschlandfunk.de/herkunft-und-heimat-heimatgefuehl-ist-konkret-an-
       gegenden.691.de.html?dram:article_id=362467   https://www.uni-koblenz-
       landau.de/de/koblenz/fb2/inst-germanistik/aktuelles/akuelles-bilder/brentanokolloquium2
[260] https://www.sueddeutsche.de/wissen/gemischte-gefuehle-heimatgefuehl-im-wohlfuehl-ort-1.1041384-3
[261] Thomas, Tanja. Deutsch-Stunden. Zur Konstruktion nationaler Identität im Fernsehtalk. Dissertation
       Universität Tübingen. 2002. Ffm.: Campus. 2003. ISBN 3593373645.
[262] Jokisch, Rodrigo. Theorie der Gesellschaft. Darmstadt. 2007, S. 221. Siehe auch: Gesellschaftliche
       Beobachtungen. Wiesbaden: VS Verlag für Sozialwissenschaften. 2008. ISBN 978-3-531-15873-0
[263] Jokisch, 2007, S. 231.

räte äußerst gering, der menschliche Eingriff bleibt gering[264]. Darüber hinaus – so vermuten wir heute – hat er die Naturgewalten geistig „vermenschlicht" und sie mit seinen Wünschen und Vorstellungen ausgestattet, teilweise hat der frühe Mensch einzelne Individuen als dafür besonders prädestiniert für rituelle (symbolhafte) Handlungen angesehen[265].

Was über hunderte von Generationen tägliche Gewohnheit wurde und war, das hat sich vor 50 Generationen und dann besonders in den letzten Generationen in der Auffassung und Praktizierung grundlegend geändert. Der Zusammenbruch der antiken Kultur berührt das europäische Zentrum und besonders das Gemenge der germanischen Völker kaum. Gravierend ist der Einbruch der Fremdherrschaft und im Gefolge die kirchliche Missionierung in das staatlich-gesellschaftliche bisherige System, die Grundlage verwandtschaftlicher Beziehungen wird geändert in eine hierarchische Herrschaftsgewalt, in ein Abgabensystem, das zur Finanzierung von übergeordneten Bestrebungen und Handlungen dient. Dazu ändern sich die Randbedingungen des kulturellen Standes der Untertanen, das in der Zeit der sogenannten Aufklärung sich aus den Zwängen der Umgebung zu befreien sucht.

Schließlich bemächtigt er sich seit 5 Generationen durch Entwicklung und Ausreifung seiner technologischen Fähigkeiten allem, was er als Mensch erreichen und bewältigen kann. Aber wozu? Das gesellschaftliche Gefüge, der innere Zusammenhalt der Menschen zueinander, das Heimatgefühl verliert in diesem Entwicklungsstadium offensichtlich seine ursprüngliche Bedeutung. Verloren zu gehen scheint das Gleichgewicht zwischen Mensch und Natur. Gegenüber den Naturgesetzen und –gewalten ist die Macht des Menschen jedoch äußerst gering und sie ahndet jedes „Vergehen" unerbittlich, wenn auch manchmal das Gegenteil verkündet wird. Dabei bleibt das Heimatgefühl ein Bezugspunkt in dieser Welt, aber es ist anscheinend nur noch regional und aktiv erzeugbar und es zeigt die Grenzen auf, die dem Vermögen und seinen Wirkungsmöglichkeiten gesetzt sind. Umso mehr muss man sich im unmittelbaren Heimatgefühl auf das Ursprüngliche besinnen. Jedoch: was ist das? Nur wenige können noch etwas mit dem Brauchtum einstiger germanischer Vorfahren, den Brukterern[266] anfangen, wenn sich auch einige regionale Vereine mit den Namen noch verzieren.[267]

*Nicht umsonst ist also nichts so stark mit **Heimatgefühlen** verbunden wie zum Beispiel Kindheitserinnerungen. Da werden Länder, Welten beschworen, die es offensichtlich mal gegeben haben muss, aber die nicht mehr da sind. Das beruhigt uns, es ist etwas, was da ist in einer Welt, die permanent im Wandel ist. Genauso das Heimweh. Sie sind weg und erinnern sich an das, was gerade nicht ist, an einen anderen Ort. Oder Sie kommen nach Hause, Sie empfinden plötzlich Glück, wieder in der Heimat zu sein. Es ist immer in der Differenz. Und das ist etwas, was auf bewegte Zeiten sozusagen reagiert, es ist ein Kompensationsmodus. es ist etwas*

---

[264] Bis auf einzelne Zonen menschlicher Besiedlungsdichte, selbst zur Steinzeit.

[265] Der Zweig evolutionärer Religionsethnologie beschäftigt sich auch mit der Kognition und dem Übergang zu den heutigen Weltreligionen, dem Personenkult und dem Heidentum (vorchristlicher Religion). http://willie.itg.uni-muenchen.de:9077/downloads/HM/EinfuehrungInDieEthnologie2007_11.pdf.

[266] Meitzen, August. Siedelung und Agrarwesen der West- und Ostgermanen. W. Hertz. 1895. – Tausend, Klaus. Wanderungen vor der Wanderung. In: Olshausen, Eckart – Holger Sonnabend (Hg. 2002): Troianer sind wir gewesen – Migrationen in der antiken Welt. Franz Steiner. [= Geographica historica 21.] S. 396, Fußnote 46.

[267] Ahlers, Hubert. Der Heimatgedanke in Zeiten der Globalisierung. Festrede zum 101. Stiftungsfest der Bructeria [akademischer Ferienzirkel] in Stadtlohn. www.bructeria.de/html/body_heimatgedanke.html. Hier bezieht er sich auf die Auseinandersetzungen der Bructerer-Erben und Bernard Rothmann, der 1495 in Stadtlohn geboren, als „spiritus-rector" der Wiedertäufer bereits die These verkündete: *alles gehört der Allgemeinheit*. Weiter: SV Brukteria, Rorup und Dreierwalde, Freie Studentenverbindung zu Paderborn.

zutiefst Subjektives. Jeder verbindet etwas anderes damit, auch vielleicht nichts ganz Präzises, Unterschiedliches, sich Überlagerndes.[268]

Echtes Heimatgefühl ist mehr. Mehr als Heim und Haus, mehr als Heimatstadt, mehr als Heimatland. Heimat ist Heimat, deutsch und unübersetzbar. „Heimat – A German Dream" heißt ein englisches Buch. Die Autorinnen versuchen ihren Landsleuten das deutsche Wort mit den Begriffen „homeland" und „roots" nahezubringen – der Ort der Verwurzelung. Man merkt: Nur schwer lässt sich für den Verstand mit Worten beschreiben, was nur mit dem Herzen gefühlt werden kann. Der Sprachwissenschaftler W. Schmidt versuchte sich in einer Definition des Begriffs „Heimat" einmal so: „Heimat ist die menschliche, landschaftliche und geschichtliche Umwelt, in der sich der Mensch identifiziert, rational und emotional bindet und sichert." Damit kommt man der wahren emotionalen Bedeutung des Heimatgefühls immerhin schon näher.

Mit der Liebe ist es genauso wie mit der Heimat: Solange sie da ist, spürt man sie oft gar nicht bewusst. Sie ist wie gute Luft, die man atmet und für selbstverständlich hält. Erst die Fremde lehrt uns, was wir an der Heimat besitzen. Heimatgefühl ist etwas, dass in unserer heutigen Gesellschaft für viele Menschen immer schwerer zu verwirklichen ist. Je schärfer der Wind der Globalisierung weht, desto schwieriger wird es für viele, dieses emotionale Bedürfnis zu stillen.[269]

Heimat, ein individuell zu deutender Begriff?

Heimat ist keine Sache oder etwas Gegenständliches, sondern eine an Objekten orientierte geistige Erlebniswelt eines Individuums.[270] Die Begriff kann der philosophisch-religiösen Sphäre zugeordnet werden. *Im Heimaterlebnis schwingt Religiöses mit, auch bei dem, der es sich nicht eingestehen will, und wenn wir von jemanden sagen, er habe keine Heimat, so ist das ungefähr so viel, als ob wir sagen, sein Dasein habe keinen Mittelpunkt.*[271] Sicher ist es in gewisser Vergangenheit, die man mit sich trägt, ein Ausgangspunkt der Erinnerung in Abhängigkeit vom Eindruck, wie bereits Cicero bemerkte.[272] Die Bilder sind als Engramme im Gehirn fixiert, wenn sie sich wie bei Demenzkranken auflösen, wird **Heimatlosigkeit** gegenwärtig. *Das Gefühl der Heimatlosigkeit und Entfremdung, des Getrenntseins selbst von nahestehenden Menschen ergreift von ihnen Besitz.*[273] Der Historiker Heinz Schilling meint,

---

[268]   Peter Leo, * 1972 Erlangen. Buch: Flut und Boden. 2014. https://www.perlentaucher.de/buch/per-leo/flut-und-boden.html   https://www.klett-cotta.de/buch/Gegenwartsliteratur/Flut_und_Boden/41618 https://www.deutschlandfunk.de/heimatgefuehle-etwas-zutiefst-subjektives.691.de.html?dram:article_id=361916

[269]   https://www.steffenkirchner.de/blog/lebenslektionen-2013-wie-man-echtes-heimatgefuehl-entwickelt/

[270]   https://web.archive.org/web/20131012011008/http://www.klaus-giel.de/doc/Heimatkunde.pdf S.3

[271]   Eduard Spranger: Gesammelte Schriften. Band II. Herausgegeben von Otto Friedrich Bollnow und Gottfried Bräuer. Heidelberg 1973, S. 294.

[272]   Marcus Tullius Cicero: De oratore. Über den Redner. Lateinisch/Deutsch. Übersetzt und herausgegeben von Harald Merklin. Stuttgart 197 Über den Redner. Lateinisch/Deutsch, S. 435.

[273]   https://web.archive.org/web/20131203014202/http://www.diakonie.de/eine-reise-in-die-heimatlosigkeit-11648.html

Heimat sei die *Neuentdeckung eines verpönten Gefühls, sie ist heute eine Sehnsuchtsland-schaft der Gefühle.*[274] Der Philosoph Christopf Türcke (Leipzig) ist der Ansicht, dass Heimat der *Versuch ist, die Kindheit verwandelnd einzuholen.*

Das Wort „**Heimat**"[275] führen wir im Ursprung auf das indogermanische zurück, es bezeich-net das, was in der menschlichen Geschichtsentwicklung die Stätte war, wo man zu Hause war mit all seinen Funktionen wie Wohnen, Besitzen usw., dort, wo man zur Zeit der Acker-bauer hin zurückkehrte. Den Wortsinn versteht man schon eher, wenn man die Eigenschaften heimisch, heimelig zu erfassen sucht. Seit dem Mittelalter verband man mit Heimat ein Blei-berecht, ein angestammtes Recht auf eine gewisse Fürsorge, ein Zugehören zur Dorfgemein-de: den Ausgeschlossenen wurde noch im 18. und 19. Jahrhundert angeraten, auszuwandern, z.B. nach USA. Im Lexikon[276] heißt es z.b. 1897:

*In der Rechtssprache versteht man unter Heimat (Heimatrecht) die Ortsangehörigkeit oder Gemeindeangehörigkeit einer Person, welche nicht ohne weiteres mit dem Gemeindebürger-recht zusammenfällt, indem das **Heimatrecht**[277] an und für sich nur ein Einwohner- (Einsas-sen-, Gemeindegenossen-, Gemeindebürger-)Recht ist.* Zwangsläufig war der Geburtsort ein Merkmal für Heimat, die Eintragung in das Kirchenbuch (seit 15. Jahrhundert) der Beleg, der noch vielfach in der Ahnen- oder Herkunftsforschung von elementarer Bedeutung ist. Als Ort ist nicht das der Hebamme oder Krankenhaus gemeint, sondern die Zugehörigkeit zu einer „Gemeinde" oder Stadt. *Geschichte ist für mich ein wichtiges Schulfach und Geschichtswis-sen hilft bei der Bewertung aktueller Vorgänge sehr. Wo komme ich her, was waren meine Urahnen? Viele Völker haben eine ausgeprägte Identität und wissen darum, nur bei uns "ein-geborenen" Deutschen wird das Thema öffentlich verschleiert. Dieses Buch (Germania) lie-fert nun Hintergrundwissen zum Verständnis der historischen Völkerbewegungen und Ent-wicklungen, auf denen unsere deutsche Gesellschaft aufbaut.*[278]

Viele Lieder übertragen den seelischen Hintergrund zur Heimat.[279] *Tradition ist ein wichtiger Teil der regionalen Identität – und sie ist wieder im Kommen. Traditionsbewusst und heimat-verbunden ist jedoch nicht gleichzusetzen mit geringer Mobilitätsbereitschaft.* Im politischen Bereich wird das Wort Heimat als Begriff des **Deutschseins** verwendet, auch als Ausdruck sogenannter *rechtsextremer Gesinnung*, wonach denjenigen, die das nicht sein wollen oder sind, *das Recht abgesprochen wird, in Deutschland beheimatet zu sein.*[280]

---

[274] https://www.sueddeutsche.de/wissen/gemischte-gefuehle-heimatgefuehl-im-wohlfuehl-ort-1.1041384
       http://heinzschilling.de/03_publikationen.html
       https://de.wikipedia.org/wiki/Heinz_Schilling_(Historiker)
       http://heinzschilling.de/aufsaetze/heimat/heimatvorlesung2013.html
[275] https://de.wikipedia.org/wiki/Heimat
[276] Meyers Konversationslexikon, Leipzig., 1897
[277] https://de.wikipedia.org/wiki/Heimatrecht
[278] https://www.zvab.com/buch-suchen/titel/germania-zwei-jahrtausende-deutsche/autor/johannes-scherr/ 1878 (Stuttgart, Spemann), 1880, 1890 kulturgeschichtlich geschildert
       https://books.google.de/books?id=xSSTDwAAQBAJ&printsec=frontcover&hl=de#v=onepage&q&f=false
[279] https://www.schlagerplanet.com/news/wissenswertes/kreuz-und-quer/heimat-lieder-der-schlagerstars-10234.htm
[280] https://www.nf-farn.de/heimat-wen-heimatbegriff-rechte

Der **Bayerische Rundfunk** hat eigens einen **Sender Heimat** den Landsleuten gewidmet.[281] *Wie anhand der Heimatbegriffe aufgezeigt wurde, ist es wichtig, den Menschen durch Charakter und Eigenschaft des öffentlichen Freiraums sowie durch das richtige Verhältnis von öffentlichem und privatem Freiraum mit Raum und Landschaft vertraut zu machen. Das führt uns zurück zu den drei Formen der Heimat und zur Verpflichtung unserer Generation um Bewahrung und Weiterentwicklung der bayerischen Heimat: Heimat ist ein konkret gestaltbarer und erlebbarer Ort, ·Heimat ist, wie es auch Herbert Grönemeyer einst besang, ein Gefühl und·Heimat ist im Sinne von Ernst Bloch immer auch ein Versprechen. Das ist gut so, denn das heißt, dass Heimat nie vollendet ist.*

Heimat, ein Begriff, *der nach dem Zweiten Weltkrieg lange in der rechtskonservativen Ecke schlummerte, ist wieder salonfähig geworden. Ausgerechnet ein Grüner, der Schleswig-Holsteiner Robert Habeck, hat ein Buch über Patriotismus geschrieben. 2009 lud die Ökopartei sogar zu einer Konferenz zum Thema Heimat ein. Das war früher undenkbar und bekam sicherheitshalber einen distanzierenden Untertitel: „Wir suchen noch".* Was ist der Grund dafür? *In einer globalisierten Welt, in der sich alles immer schneller dreht, wächst die Sehnsucht nach dem* ***Beständigen.***[282] Heute ist die Sehnsucht nach den Wurzeln und Lokalkolorit ein weltweites Phänomen. *Die Zeiten, in denen Heimat für Tracht, Volksmusik und Heimatfilm stand, sind passé. Inzwischen ist das Bekenntnis zur Heimat wieder erlaubt und wird neu interpretiert, z.B. durch ein Stadtmarketing, für regional erzeugte Produkte.*[283] *Heimat ist heute mehr als der Stolz auf ein Netzwerk aktiver und gestaltender Menschen vor Ort oder ein nostalgisch-ironischer Retro-Medientrend – es ist ein handfestes Bekenntnis zur Nachhaltigkeit.*

Die **Heimatmuseen**[284] verraten mur zu deutlich, dass in der Bevölkerung ein Bedürfnis für historische Vergangenheit besteht. Im Münsterland lädt fast jeder Ort ein, eine Entdeckungsreise anzutreten, denn man kann Tradition und Lebensart früherer Zeiten anschauen, in einigen Museen sogar „mitmachen".[285] *Das* ***Freilichtmuseum Mühlenhof*** *ist ein ganz besonderer Ort, denn hier wurde mit viel Leidenschaft ein Stück* ***Kultur und Geschichte*** *des Münsterlandes bewahrt. Auf dem fünf Hektar großen Gelände erwarten die Besucher 30 große und kleine Bauwerke aus dem 16. bis 19. Jahrhundert. Von Innen sind die Häuser mit historischem Gut ausgestattet, sodass die Besucher einen echten Eindruck von den Gewohnheiten und Lebensumständen sowie Arbeitsweisen des Münsterlandes vergangener Tage bekommen. Ein besonderes Highlight ist sicherlich die originale Bockwindmühle aus dem Jahr 1748. Diese Mühle ist deshalb so besonders, weil sie der älteste Windmühlentyp Westfalens ist und bis zum 19. Jahrhundert zahlreich im Münsterland vertreten war. Im Römermuseum Haltern am See, in dem bis zu 5000 Soldaten stationiert waren, darunter die 9. Legion der legendären Varus-*

---

[281] Th. Baretl. Was ist Heimat? Verortun g eines traditionellen Begriffs im Zeitalter der (Subl)Urbanisierung. https://www.hss.de/fileadmin/user_upload/HSS/Dokumente/Berichte/AMZ_105_Heimat_zwischen_Tra dition_und_Fortschritt.pdf S.43-49 und Holger Nagel S. 63

[282] https://www.welt.de/lifestyle/article10314823/Warum-das-Heimatgefuehl-wieder-so-wichtig-ist.html

[283] https://www.zukunftsinstitut.de/artikel/re-inventing-heimat/

[284] https://de.wikipedia.org/wiki/Heimatmuseum
https://de.wikipedia.org/wiki/Liste_von_Heimatmuseen_und_Heimatstuben

[285] https://www.schoeneberger-trachten.de/die-lederhose.html
https://www.muensterland.com/tourismus/themen/erlebnis-region-muensterland/kulturerlebnis/museen-muensterland/

schlacht, kann man die **Zeiten** *des Kontaktes der römischen Kultur mit der der Germanen nachvollziehen.*[286]

Was ist Heimat? Nach einer Umfrage verbinden 45 % mit dem Begriff Heimat den der Fami-lie., dann Geburts-, Wohnort Deutschland, nur wenige mit Freunden.[287] Für 90 ‚% der Be-fragten ist Heimat wichtig. *Die Antworten sind vielfältig, denn längst ist Heimat zum* ***politischen Kampfbegriff*** *geworden. Die einen verbinden damit das Bewahren deutscher Kultur und Identität, die anderen setzen der vermeintlich überholten Idee neue Werte wie Weltoffen-heit, Dynamik und Diversität entgegen.*[288] Wenn man will, ist es ein Gruppenbegriff, der un-terhalb dessen angesiedelt ist, was uns alle zusammenhält: die Würde des Menschen.[289] In ei-nem Staat können verschiedene Gruppen-Interpretationen davon nebeneinander vorhanden sein.

Parteien auf der rechten Seite des politischen Spektrums haben sich selbst immer gern als Fürsprecher der "Heimat" empfohlen, was Meinhard Creydt[290] behauptet.[291] Zunächst ist klar, dass kaum eine Partei von sich sagt, sie sei heimatlos oder verstünde nicht, was für das Indi-viduum, Heimat bedeuten kann. Das Wort Heimat kommt bei der CSU schon im Grundsatz-programm vom 05.1.2016 häufig – und zwar in direkter Verbindung zum Land - vor.[292] Sonst wird das Wort Heimat begrifflich als die verlorene der Flüchtlinge aufgeführt.

Dass die AfD als Kampf gegen die Zuwanderung steht, sei ein Merkmal ihres Partei-Pro-gramms, wohl aber gerade deshalb, weil die Flüchtlinge den Verlust der Heimat zu beklagen haben. *Das Spielen von Kindern in der Nähe zur elterlichen Wohnung bildet ein zentrales Moment einer Heimat,* weshalb die Verkehrsgefährdung ein Argument für eine Verkehrsbe-schränkung ist, die – dem Grunde nach – die AfD ablehnt, weshalb sie eigentlich **heimat-feindlich** sei. Dass die Familienerziehung gegenwärtig durch den bevorzugten Einsatz von Institutionen bedroht wird, soll ebenfalls eine heimatfeindliche Gesinnung der AfD darstellen, was für einen Kritiker wenig einsichtig sein kann. *Für "Heimat" einzutreten und gleichzeitig für ein "investitionsförderndes Umfeld" im Sinne der kapitalistischen Ökonomie bildet einen unaufgelösten Gegensatz,* ist nach des Verfassers (Creydt[293]) Vorstellung ebenso heimatfeind-lich. Dass damit die Subjektivität – möglicherweise eines andersdenkenden Ideologen – zuta-ge tritt, ist den vielen zugehörigen Kommentaren zu entnehmen.

Theodor von Fontane schrieb einst: *Erst die Fremde lehrt uns, was wir an der Heimat be-sitzen.* Jeder für sich definiert den **Begriff persönlich.** Ein Heimatvertriebener hat wohl ganz andere Vorstellungen von dem, was er verloren hat. Manch einer findet, wenn er nach länge-rer Zeit zu ihr zurückkommt, sie anders vor als er das Bild im Kopf hat, so z.B. diejenigen, die

---

[286]   https://tinyurl.com/w4h5z46   https://tinyurl.com/ujww98k (Haltern)
[287]   https://de.statista.com/statistik/daten/studie/222338/umfrage/bedeutung-des-begriffs-heimat-in-deutschland/ 2019 weiter aufgeschlüsselt: https://www.infratest-dimap.de/umfragen-analysen/bundesweit/umfragen/aktuell/neun-von-zehn-deutschen-empfinden-ihre-heimat-als-wichtig-und-positiv/ 2015 infratest dimap
[288]   https://www.wbg-wissenverbindet.de/14859/heimat Susanne Scharnowski ISBN 97835342170736
[289]   So Ulrich Wickert, Fußnote 77 oben. https://de.wikipedia.org/wiki/Ulrich_Wickert 2019, S. 174
[290]   Soziologe, * 1957, Dr.phil. vgl. hierzu: http://www.trend.infopartisan.net/trd7811/t427811.html
[291]   https://www.heise.de/tp/features/Die-heimatfeindliche-Ausrichtung-der-AfD-4139480.html?seite=all
[292]   105 Fundstellen , eine besonders # 44 „Liebe zur Heimat" http://www.wahlprogramme-vergleichen.de/de/fundstellen?programm=Grundsatzprogramm&thema=Heimat
[293]   https://www.heise.de/tp/features/Die-heimatfeindliche-Ausrichtung-der-AfD-4139480.html?seite=all viele Kommentare, z-B. *verbrämter ideologischer Hetzartikel*

in ihre (frühere) Heimat wie in den östlichen Bundesländern kommen, deindustrialisiert durch den Eingriff der DDR-Regierung und völlig umgestaltet wie der Verfasser feststellen musste, wie z.b. Alt-Merseburg; das Viertel, durch das er durch schmale mittelalterliche Gassen mit dem Fahrrad zum Gymnasium fuhr. musste für eine „moderne" Gestaltung mit Kasernenbauten weichen. Aber nicht alle Bevölkerungen kann in der Nähe ihres Geburts- oder frühen Schulortes bleiben, dem Beginn sozialer und zwischenmenschlicher Beziehungen. Beziehungen. *Es ist der subjektive Ort des Individuums, an dem der Mensch in seiner Umwelt aktiv ist.*[294] *Heimat wurde einst – so behauptet ein anderer Wissenschaftler (Bausinger) - gleichgesetzt mit "Vaterland", um der "heimatlosen Arbeiterbewegung" ein "Identifikations- angebot" zu machen.* Aber das Aufoktroyieren eines Begriffes hält nur eine Zeitlang, heute ist es oft nur noch eine idyllische Verklärung.

Wie konstruieren diese „Rückkehrer" oder „Träumer"" Heimat und Identität? Ist bei der Ju- gend oder den modernen Menschen ein soziales Netzwerk der Ersatz? Selbst für einen digita- len Nomaden ist Heimweh ein körperlich-seelischer Begriff.[295] Sind das im Netzwerk wahre Freunde? Oder nur Bekanntschaften? *Das Umherziehen in der Welt als digitaler Nomade stellt eher kein dauerhaftes Lebenskonzept dar. Unterwegs treten immer mal wieder Kompli- kationen auf, sei es, dass das Heimweh stärker wächst als geplant usw.*[296] Der digitaler Kon- takt mit daheim ist nicht vergleichbar mit direktem und wer den braucht wird ein womöglich unzufriedener Reisender.[297]

Der dortige Vorteil besteht sicher darin, dass man dort so schreiben, wie man denkt – oder wie man dafür denkend gehalten sein will. Man gehört schlicht zur sozialen Gemeinschaft von facebook, twitter o.a., die man über die Äußerungen „kennt". *Da lassen sich heute Menschen die verrücktesten Dinge einfallen, von Rollenspielen oder georgischem Gesang bis zur esoterischen Sekte. Wichtig sind aber immer nahe und quasi **derselben »Kultur« zugehö- rige Menschen**. Die zweite Dimension von Heimat ist »sense of control«: Ich begrenze den Raum, den ich beeinflussen kann und will, und unterscheide ihn von dem, was ich nicht beein- flussen kann oder will.*[298]

Wenn die Welt, in der wir leben, sich verändert, wird Heimat immer inplausibler, wird redu- ziert auf Gegenden, wo sie als stabilisierend bestehen bleibt. So manches ist nicht mehr auf Dauer, nicht einmal auf die des Lebens eines Individuums; vielfach ändert sich der Beruf, der Wohnort, das soziale Umfeld usw., ja die Bedingungen, die den Lebensinhalt ausmachen.[299] Heimat wird der Inbegr4iff von Wünschen, wenn man selbst keine Ruhe mehr in sich hat. Insofern steht Heimat für eine Gegenbewegung in einer globalisierten Welt, deren Konturen immer verschwommener und gefühlsferner werden. In der Heimatpolitik fehlt das Konstante.

---

[294] https://de.wikibooks.org/wiki/Zur_Psychologie_des_Heimwehs:_Heimat
[295] https://mobilitymag.de/heimweh/
[296] https://werteundwandel.de/inhalte/digitale-nomaden-was-ist-das-eigentlich/
[297] https://www.reisedepeschen.de/heilsversprechen-digitalen-nomaden/
[298] https://tinyurl.com/y2frnlgd Beate Mitzscherlich in: reportpsychologie - https://heimattagung2017jena.wordpress.com/abstracts/prof-dr-beate-mitzscherlich-zwickau/
[299] https://tinyurl.com/yelyjtpw Frank Mathing, Heimat entdecken, S. 151 – 201, insbesondere S. 169 ^Heimat(en)? Beiträge zu einer Theologie der Migration. TVZ 2017

Die moderne Gesellschaft

Die Soziologie und die Institutionen sind in den letzten Jahrhunderten entwickelt und beschrieben worden, selbst das Globalisierungsphänomen erscheint bereits im „Kommunistischen Manifest".[300] Das gegenwärtige wissenschaftliche Vorgehen zur Aufklärung vom Wesen der **Gesellschaft** oder menschlichen Gemeinschaften s erlaubt jedoch nicht, eine Analyse der Strukturveränderungen und Funktionen der Gesellschaft[301] und ihrer Triebkräfte hinreichend genau aufzudecken oder vorherzusagen, um letztlich politisch auf die Regierung einzuwirken. Die empirischen Methoden der Sozialforschung bleiben an der sicht- und erkennbaren Oberfläche. Das erscheint schon beim ausschnittartigem Studium der **Merkmale** moderner Gesellschaften[302]:

- Komplexe Formen der Arbeitsteilung und des *industrial engineering*
- Industrialisierung, Vermassung der Produktionsbereiche
- Sozialschichtung - Soziales Milieu > Ethnosoziologie
- Komplexe Wissensverteilung und -vermittlung
- Ausdifferenzierte Medienkulturen und -machtverteilung
- Unterschiedlich ausgearbeitete Regelungskomplexe in juristisch administrativer Form
- Pluralisierung der „Meinungen".

Nach unserer gegenwärtigen Wahrnehmung existieren verschiedene bzw. verschiedenartige Gesellschaften, die mehr oder weniger voneinander abgegrenzt sind und jede ein eigenes **System** aufweist, das z.B. eine Struktur und interne Mechanismen zur Veränderung zeigt. Man hat versucht, den gerichteten sozialen Wandel theoretisch zu erfassen und zog dabei auch Vergleiche heran, so Durkheim die Komplexität. Dass technische Erfindungen ihren Einfluss ausüben konnten, ist vielfach erörtert worden. Gerade die Umstellung der Arbeitswelt zeitigte Notwendigkeiten für die Anpassung derjenigen, die das Brot für das Leben durch Lohn verdienen mussten. Es entstanden Spannungen zwischen den Individuen, z.B. von Arbeitgebern und Arbeitsuchenden, von vorwärtsdrängenden Kräften und solchen, die das Bewährte erhalten wollten. *Heute wird sozialer Wandel von den meisten Autoren ohne Bezugnahme auf konkrete* **Ursachen** *neutraler und eher deskriptiv als „Veränderung in der Struktur eines sozialen Systems" definiert.*[303] Aber unverkennbar gab es Individuen, die mit dem Bekannten nicht zufrieden waren, die nach Hintergründen forschten, nach dem Sinn ihres Daseins usw., aber man weiß nicht, was gut, was besser als bisher ist oder sein wird. Oft herrscht ein Gemeinschaftsgefühl für kulturelle und förderliche Werte.[304] „*Kulturstandards sind nach Thomas*[305] *alle Arten des Wahrnehmens, Denkens, Wertens und Handelns, die von der* **Mehrzahl der Mitglieder** *einer bestimmten Kultur für sich persönlich und andere als normal, selbstverständlich, typisch und verbindlich angesehen werden. Eigenes und fremdes Verhalten*

---

[300] https://link.springer.com/chapter/10.1007/978-3-322-95071-0_3
[301] https://de.wikipedia.org/wiki/Sozialstrukturanalyse https://de.wikipedia.org/wiki/Sozialer_Wandel
[302] https://www.karteikarte.com/card/1341933/einige-merkmale-moderner-gesellschaften
[303] https://de.wikipedia.org/wiki/Sozialer_Wandel Kultureller Wandel
[304] Stephanie Rathje: *The definition of culture: an application-oriented overhaul.* In: *Interculture Journal.* Band 8, Nr. 8, 2009, S. 35–57. Zitiert in Wikipedia, Sozialer Wandel, Nr. 19
[305] Alexander Thomas (Hrsg.): *Psychologie interkulturellen Handelns.* Hogrefe, Göttingen 1996, ISBN 3-8017-0668-0.

wird auf der Grundlage dieser Kulturstandards beurteilt. Erst auf dieser Basis kann man von einer kulturellen Vielfalt sprechen, die staatlich geschützt werden kann.[306] ***Kulturelle Vielfalt*** *spiegelt sich wider in der **Einzigartigkeit und Vielfalt der Identitäten**, die die Gruppen und Gesellschaften kennzeichnen, aus denen die Menschheit besteht. Als Quelle des Austauschs, der Erneuerung und der Kreativität ist kulturelle Vielfalt für die Menschheit ebenso wichtig wie die biologische Vielfalt für die Natur. Aus dieser Sicht stellt sie das gemeinsame Erbe der Menschheit dar und sollte zum Nutzen gegenwärtiger und künftiger Generationen anerkannt und bekräftigt werden.*[307]

In Deutschland sind 11 % dafür, dass jeder seine eigene Kultur bewahren soll. Die Hälfte der Bevölkerung hält am Bestehenden fest. Die **Heimatvereine und Heimatbunde** waren ein Indikator für die Bedeutung von Heimat; *früher war man als Vorsitzender des Heimatvereins wer.*[308] *Der **Heimatbegriff** war belastet durch die NS-Ideologie. Manche Leute wollten ihn gar nicht mehr in den Mund nehmen, aus Angst, dass er verdreht wird. Das hat sich geändert. Inzwischen kann Heimat wieder unverfälscht benutzt werden und ist sogar wohl wieder richtig schick. In unseren Mitgliederzahlen merke ich das allerdings bislang nicht.*[309]

Dagegen propagiert man politisch heute auch folgende Auffassung: *ein **moderner Heimatbegriff** sollte offen sein für Menschen unterschiedlicher Herkunft, Kultur und Religion.*[310] Eine Stiftung äußert ihren Willen: *Wir wollen die Schönheit und Vielfalt der Dörfer, deren Geschichte, das **Heimatgefühl** und Dorfbewusstsein **erhalten**, pflegen und für die Dorfbewohner erfahrbar machen.*[311] Ergänzend sei hierzu erwähnt: *"93,5 Prozent der Menschen mit **familiärer Zuwanderungsgeschichte** fühlen sich in NRW **zu Hause.**"*[312] Aber das steht aber nicht für eine Heimat, wo man mit ihr aus den Gedichten unserer großen Dichter das den übergeordneten Sinne erahnt.

Da steht im Wald geschrieben
Ein stilles, ernstes Wort
Von rechtem Tun und Lieben,
Und was des Menschen Hort.

Bald werd ich dich verlassen,
Fremd in der Fremde gehn,
Auf buntbewegten Gassen
Des Lebens Schauspiel sehn;

Ich habe treu gelesen
Die Worte, schlicht und wahr,
Und durch mein ganzes Wesen
Wards unaussprechlich klar.

Und mitten in dem Leben
Wird deines Ernsts Gewalt
Mich Einsamen erheben,
So wird mein Herz nicht alt.[313]

[306] https://de.wikipedia.org/wiki/UNESCO-Konvention_zum_Schutz_der_kulturellen_Vielfalt 2007
[307] https://www.unesco.de/sites/default/files/2018-03/2001_Allgemeine_Erkl%C3%A4rung_zur_kulturellen_Vielfalt.pdf
[308] https://www.zeit.de/gesellschaft/zeitgeschehen/2018-09/vereinssterben-vereine-land-laendlicher-raum-statistik/komplettansicht siehe dort auch die Kommentare, z.B. in der Sozialfunktion
[309] https://www.wp.de/region/sauer-und-siegerland/heimat-ist-eine-umgebung-zum-wohlfuehlen-id211566239.html Der Vorsitzende Elmar Reuter, 70 Jahre alt vgl. Neugründu9ng eines Heimatvereins https://tinyurl.com/rlbmu6y https://www.thueringer-allgemeine.de/leben/herda-neuer-verein-will-die-775-jahr-feier-vorbereiten-id221653933.html
[310] Religionsmonitor 2017 https://www.bertelsmann-stiftung.de/de/unsere-projekte/religionsmonitor/projektnachrichten/wie-begegnen-die-deutschen-der-kulturellen-vielfalt/
[311] http://www.stiftung-natur-heimat-kultur.de/
[312] https://www.nrw-stiftung.de/news.php?nid=217
[313] Abschied von Joseph Freiherr von Eichendorff, 1788 in Ratibor/Oberschlesien – 1857 in Neisse/Schlesien. http://www.asu.cas.cz/~bezdek/moje_stranky/die%20schoensten%20deutschen%20gedichte.htm

Heimat – tiefes, liebes Wort der Seele – leise hingehaucht. Kaum vernommen, schon zerronnen. In der Seele blüht es wieder auf.[314]

Mancher muss sich den Lebensraum, in dem er tätig ist, erst aktiv aneignen und gestalten, das sie zur Heimat machen.[315] **Beheimatung** ist ein Prozess, der gesamten Integration in die ausgesuchte oder in die aufnehmende **Kultur**, das Individuum wird einer der in dieser Heimat Lebenden, in deren tradierter Lebensweise, gegebenenfalls in Jahrhunderte alten, bodenständigen Art. Aus entwicklungspsychologischer Perspektive ist das nicht nur eine gedankliche Konstruktion, sondern eine Sammlung von subjektiven **Aneignung**serfahrungen, sie wurden beim Individuum zu einem persönlichen Eigenheit, an der Angriffe durch Mobilität, Globalisierung ansetzen. Je nach Stärke davon wird sich ein **Heimat-Verlustgefühl** entwickeln.[316]

Wenn man Heimat von dem verinnerlichten Ausdruck Heimat entkoppelt, wird all das, was Nahwelt, Aufenthaltswelt zu einer neuen „Heimat".[317] *Niemand wird leugnen, dass Heimat auch Einengung und Beschränkung bedeuten kann und dass gerade junge Leute oder Außenseiter oft das Bedürfnis haben, ihr zu entkommen. Aus dieser oft altersspezifischen, sehr individuellen Erfahrung aber die Konsequenz zu ziehen, alles, was mit Heimat zu tun hat, an den* <u>*rechten Rand zu verbannen, zeugt von politischer Blindheit und trägt, wenn überhaupt, zur*</u> <u>*weiteren Polarisierung der Gesellschaft bei.*</u>

Wenn man den Begriff **Leitkultur** im Sinne von Identität verwenden will, was einer programmatischen Zieldeklaration gleichkommt, dann sollten die zugehörigen *Werte der kulturellen Moderne entspringen, die da heißen Demokratie, Laizismus, Aufklärung, Menschenrechte und Zivilgesellschaft.*[318] Ein bloßer Konsens, dass man diese Werte anerkennt, genügt der Forderung nach einer tief sitzenden inneren Einstellung wie beim Gesinnungs-Begriff Heimat nicht. Die Proklamation weitergehender Interpretation mit der Forderung[319] ist ehrgeizig: Vorrang der Vernunft vor religiöser Offenbarung, Demokratie als Trennung von Religion und Politik, aktiver Toleranz muss in die Realität umgesetzt werden, was erfahrungsgemäß schwierig ist, was auch so manchem Politiker auch bewusst war oder wurde. Existiert in der Bundesrepublik überhaupt so etwas wie eine homogene nationale Kultur?[320] Wohl kaum, aber auch keine Partei der Leitkultur[321] oder gar eine der Art bekennender Gemeinschaft.

Der Bundesinnenminister leistet 2017 zur Diskussion einen Beitrag, in dem er klarstellt, dass es um ungeschriebene und wichtige Regeln geht, nach denen sich die Bürger richten sollten.

---

[314]   Carl Peter Fröhling Philosoph und Aphoristiker, * 1933
[315]   Ina-maria Greverus, 12972. Zitiert in: https://www.neuepresse.de/Nachrichten/Politik/Deutschland-Welt/Wer-gehoert-zu-uns-Heimat-in-einer-modernen-Gesellschaft-Gastbeitrag-von-Petra-Bendel-und-Haci-Halil-Uslucan dort auch: heimatpolitisches Konzept des Bundesministeriums.
[316]   https://tinyurl.com/y2frnlgd Beate Mitzscherlich, Zwickau auf Tagung Universität Jena 2017
        https://link.springer.com/chapter/10.1007/978-3-322-97251-4 Siegfried Grubitzsch 1995
[317]   https://www.zeit.de/2018/33/heimat-begriff-linke-oesterreich/seite-2   https://www.zeit.de/kultur/2018-02/heimat-heimatministerium-moderne-verlustangst Susanne Scharnowski, Viele Kommentare
[318]   https://de.wikipedia.org/wiki/Leitkultur Darin zitiert: Bassam Tibi: *Europa ohne Identität? Die Krise der multikulturellen Gesellschaft.* btb. 2000. S. 154
[319]   https://de.wikipedia.org/wiki/J%C3%BCrgen_Habermas .
[320]   Irene Götz: *Deutsche Identitäten. Die Wiederentdeckung des Nationalen nach 1989.* Böhlau, Köln/Weimar/Wien 2011, ISBN 978-3-412-21413-5, S. 81 f. (zitiert in Wikipedia Leitkultur Nr. 44
[321]   Jens Span 2018, Wikipedia, Zitate Leitkultur Nr. 50/51.

Wir haben eine Kultur und sind Erben unserer Geschichte, haben ein kollektives Gedächtnis, wir als Deutsche gehören zur Kultur des „Westens".[322] Das Wort Heimat als spezielle Erscheinung unseres kulturellen Lebens kommt darin nicht vor. Der Journalist Wickert spricht dabei von dem, was uns im Innersten zusammenhält, von der Achtung vor der Würde des Menschen, von Anstand, Respekt und Höflichkeit als Basis unserer Zivilisation.[323]

Die Pluralität der menschlichen Aspekte spiegelt sich in vielen Geschichtsphasen, Kriegen und politischen Auseinandersetzungen wieder, wozu als Beispiel die französischen Revolution mentalitätsgeschichtlich herangezogen werden kann, wobei die sozialgeschichtliche Trennung der Bevölkerungsschichten die Herausarbeitung der Motive, Aktivitäten und kriminellen Hintergründe aus der Literatur allein kaum möglich ist.[324]

Der Sturm auf die Bastille am 14.07.1789 offenbarte, dass das Volk gegen die Unterdrückung ankämpfen konnte. Es kam zur **Verkündung der Menschenrechte**, Papst Pius VI. empfand dies als gottlos. Bemerkenswert ist, dass die *aufgestaute Wut der unterdrückten Bauern etc. sich gegen den Adel richtete und sie Schlösser und Kirchen überfielen, plünderten und Gebäude in Brand steckten. Durch das Anzünden der Häuser wollten sie auch die Urkunden, die sich darin befanden, vernichten. Denn in diesen stand, dass die Grundherren feudale Rechte über die Bauern hatten und über sie bestimmen durften. In der Geschichte werden diese Ereignisse oftmals als "Grande Peur" ("Große Furcht") bezeichnet.* Die Reaktion ist in solchen Situation schwer berechenbar. Es ist meist unklar, in wieweit der dritte Stand, die untere soziale Schicht der Bevölkerung durch so etwas tugendhafter wird.

Den Zeitraum von 1795 bis 1799 umfassend, kann diese Phase der Französischen Revolution als eine Zeit der Korruption und der Leichtlebigkeit, des Elends und der Gewalt bezeichnet werden. Das Land entgleitet der staatlichen Kontrolle. Man weiß nicht, welche Elemente die Träger der Instabilität sind. Alle der Gegnerschaft der Revolution Verdächtigen wurden brutal unterdrückt, die unbeugsame Gerechtigkeit wurde als Ausfluss der Tugend, als Prinzip der Demokratie angesehen.[325] Zweifel sind jedoch angebracht, wenn es um die **Wahrung der Menschenrechte** angeht, weil Recht und Tugend gebeugt werden kann.[326] Betrachten wir das **Recht auf Heimat**, das nicht überall anerkannt wird.[327] *Die Charta der deutschen Heimatvertriebenen postuliert ein „Recht auf die Heimat" und begründet es auf einer theologischen Basis. Sie führt aus: „Wir haben unsere Heimat verloren. Heimatlose sind Fremdlinge auf dieser Erde. Gott hat die Menschen in ihre Heimat hineingestellt. Den Menschen mit Zwang von seiner Heimat trennen, bedeutet, ihn im Geiste töten. Wir haben dieses Schicksal erlitten und erlebt.*[328] Das politische Verständnis war geteilt, manche empfanden als Revanchismus.

---

[322] https://www.bmi.bund.de/SharedDocs/interviews/DE/2017/05/namensartikel-bild.html

[323] Ulrich Wickert, siehe Fußnote 8, S. 172 und 174ff. und weiter mehrfach

[324] Scherr, Johannes, 1817-1886.Menschliche Tragikomödie. Leipzig : O. Wigand, 1882-1883
(OCoLC)727430618   Bd. 7 181 S. 1882 Mirabeau und Marie Antoinette. – Die Göttin der Vernunft
Bd. 11 Paris zur Schreckenszeit. 1883
https://de.wikibooks.org/wiki/Untersuchungen_zur_Mentalit%C3%A4t_der_Bewohner_von_Paris_in_den_Jahren_1794/95 https://www.helles-koepfchen.de/franzoesische-revolution

[325] https://de.wikipedia.org/wiki/Terrorherrschaft Zitat Nr. 1

[326] https://tinyurl.com/vejzdk3 s

[327] https://de.wikipedia.org/wiki/Recht_auf_Heimat

[328] Postulierung Recht ist ein eines der von Gott geschenkten Grundrechte
http://www.hdg.de/lemo/html/dokumente/JahreDesAufbausInOstUndWest_erklaerungChartaDerHeimatvertriebenen/index.html

Andere sehen das anders: *jeder besitzt das fundamentale Recht, in seiner Heimat in Frieden zu leben und nicht von anderen vertrieben zu werden.* Sesshaftigkeit ist geradezu eine Vorbedingung für das Leben der Menschen auf der Erde.[329]

Menschenrechtsverletzungen gröberer Art sind in der Hinrichtung (Todesstrafe) und im Foltern zu sehen, wobei u.U. das Rechtssystem vom Grund her anders aufgebaut ist. Deutlich wird das daran, dass von USA noch heute ein Gefangenenlager mit nicht näher bezeichenbaren Rechtsverletzungen unterhalten wird, aber auch Israel wird hier von den Beobachtern genannt.[330] In der Europäischen Union bemüht sich die Politik, die *Menschenrechtsbelange zu berücksichtigen.*[331] Man kann das desbezügliche Recht einklagen oder sich beschweren.[332]

Kommunikation als verbindendes und prägendes Element.

Der seine **Heimat Liebende** steht in der Gesellschaft immer unter Einfluss von geistigen Anfechtungen und Gedanken aus dem Bereich seines Umfeldes und orientiert sein Leben in seiner Gesamtheit mehr oder weniger danach – je nach Charakterfestigkeit und Widerstandsfähigkeit. Schon durch die Werbung für Produkte ist im Marktgeschehen jeder diesen Angriffen ausgesetzt und mancher sucht sich dagegen gezielt zu wehren. *Durch die globale informations- und kommunikationstechnische Vernetzung wird eine verwirrende Vielfalt von Bildern, Symbolen, Identitätsmustern und Lebensstilen verbreitet, die **traditionelle Identitäten** und Lebensformen auflösen oder zumindest in Frage stellen. Diese, als kulturelle Globalisierung bezeichneten, Prozesse haben weitreichende Auswirkungen auf individuelle und kulturelle Identitäten in einer Gesellschaft.*[333] Bei der Vielzahl der Einflussarten und Individualität der Persönlichkeiten erfolgt eine vielfältige Anpassung und eine Neuordnung, einhergehend mit einer Einengung des Anteils an der Gesellschaft der die Heimat Liebenden. Einerseits wird die Tradition mit Tagen der Heimat politisch gefördert, teilweise aber ins Abseits gestellt. Da kann die **Geistes-Haltung** durch Kommunikation verstärkt oder abgeschwächt werden.

Mancher Mensch meint, dass **Denken** und Sprechen eins sind[334], was fast der wissenschaftlichen Auffassung entspricht, denn in Wirklichkeit plant er nur kurz und beginnt sodann zu reden, wenn er einmal nicht weiter weiß, muss er eine Pause wie „ah" oder ähnliches einfügen, um dann fortzufahren, denn die *Sprechplanung wird schneller ausgeführt als die Aussprache selbst.*[335] Handelt es sich um schwierigere, unbekannte Sachverhalte, dann funktioniert das nicht. Letztendlich muss die jeweilige Strategie der Fähigkeit des individuellen **Ver-**

---

[329] http://zwiedenk.de/un-menschenrechtskommission-recht-auf-heimat/ http://zwiedenk.de/wp-content/uploads/2018/03/G9712924_E-CN-4-Sub-2-1997-23.pdf https://www.bwv-verlag.de/detailview?no=4119 Des Menschen Heimat im Staat, 2019 ISBN 978-3-8395-41219-6
[330] https://www.lpb-bw.de/verletzungen/ 2015
[331] https://www.europarl.europa.eu/factsheets/de/sheet/165/human-rights 2019
[332] https://www.unesco.de/sites/default/files/2018-05/Broschuere_Menschenrechte_einklagen.pdf 2012. https://www.institut-fuer-menschenrechte.de/aktuell/news/article/pressemitteilung-wohnungslose-haben-ein-recht-auf-menschenwuerdige-unterbringung/
[333] https://www.grin.com/document/43673 Magisterarbeit 2005
[334] Ulrich Wickert, Fußnote 8, S.- 144 *Viele Begriffe der Debatten auf ursprüngliche Bedeutung zurück*
[335] https://www.wissenschaft.de/umwelt-natur/wie-wir-denken-und-sprechen-koordinieren/

stehens angepasst werden. *Sprache hat nur eine Art von Zulieferfunktion für den Geist. Die Wahrnehmung von Sprache vermittelt Inhalte mit denen dann gedacht wird.*[336] Für ein Problemlösen ist Denken sogar unerlässlich, auch für eine Weltsicht, für das Beurteilen, wobei man Erinnerung von Gedachtem, von Bildern usw. heranzieht. Natürlich arbeiten die Individuen hier sehr verschieden, im Extremfall denkt man möglichst wenig. Diese Verschiedenheit erschwert im kommunikativen Verkehr über die **Sprache** (mit Gedanken oder Gedachtem) das **Verständnis** bei einem Individuum und einer heterogenen Menschenmenge, denn das Mitgeteilte muss auch im Zusammenhang mit dem Sachverhalt und seiner Bedeutung und der mitteilenden Person klar erkannt werden.[337] Schwammige Vorstellungen sind faktisch gravierende Fehler in der Kommunikation. *Ob man die jeweilige Position des Anderen als richtig, wichtig, falsch etc. beurteilt, ist für das Verstehen belanglos.*[338]

Die Sprache und insbesondere die Verkehrssprache ist zunächst nur ein Werkzeug des Vermittelns von Gedachtem, von mit **Verstand** und Vernunft Verarbeitetem. Aber bereits hier zeigen sich erhebliche Unterschiede, denn jedes Individuum verfügt über einen verschieden großen **Wortschatz**. Der deutsche umfasst etwa 1/2 Million Wörter, der als durchschnittlich gebräuchlich bezeichnete jedoch weniger als 10 Tausend Wörter.[339] Mit 2000 Wörtern kann man den Alltag bewältigen. Ein Gebildeter wendet zumeist ein Vielfaches davon an, ein Dichter benötigt sehr viele zutreffende Wörter, die im Umgangssprachlichen oft verloren gegangen sind, weshalb fast niemand ein Gespür für das Ursprüngliche beim Entstehen hat. *Die Neubürger, im 19 Jahrhundert mittellos zugewandert, hatten in bitterer Not schon um ihren Lebensunterhalt zu ringen. Die Bildungsmöglichkeiten waren gering.* Die Sprache reagiert darauf, sie wurde roher und direkter. Noch heute befinden wir uns im Wandel, manches verstehen die Älteren schon nicht mehr.[340] Dabei soll es In Deutschland über 7 Millionen **funktionale Analphabeten** geben, die längere Texte in ihrem Sinnzusammenhang nicht oder kaum erfassen.[341] Ein weiterer Teil der Bevölkerung hat schon Schwierigkeiten beim Lesen (in der Muttersprache), oft trauen diese Menschen sich nicht, überhaupt an der Kommunikation teilzunehmen, demgemäß können sie nicht aktiv politisch mitbestimmen.[342] Eher ist sogar eine Diskriminierung gegeben. Weiter zeigt sich, dass nur wenige Erwachsene die höchste Stufe der Lesekompetenz erreichen. Meist sind sie Angestellte oder Selbständige.[343]

Weil die an den Empfänger, an das Individuum herangetragene **Information** auch den Sachverhalt **wahrheitsgemäß** sein soll, ist es Pflicht aller an der Kommunikation Teilnehmenden, die Berichterstattung pflichtgemäss durchzuführen. So arbeiten z.B. die öffentlichen Rundfunkanstalten keineswegs immer nach § 11 des Staatsvertrages, wonach die Prinzipien der Objektivität, Neutralität und der Vollständigkeit zu wahren sind.[344] Das macht misstrauisch.

---

[336] https://www.psychologie.uni-heidelberg.de/ae/allg/enzykl_denken/Enz_12_SpracheDenken.pdf
[337] https://de.wikipedia.org/wiki/Verstehen
[338] https://www.philognosie.net/kommunikation/was-ist-verstehen-die-4-stufen-des-verstehens
[339] https://de.wikipedia.org/wiki/Wortschatz
[340] http://www.rhetorik-netz.de/entstehung-der-deutschen-sprache 2019
[341] https://www.frag-mutti.de/funktionaler-analphabetismus-a53189/
       https://www.bpb.de/apuz/179347/funktionaler-analphabetismus?p=all
[342] https://www.bundestag.de/resource/blob/571560/af3fde9a34fb72b7cdf5cf6443d82e22/WD-8-071-18-pdf-data.pdf 2018
[343] Andere Berufe wie Politiker/Abgeordnete ist das ebenso anzunehmen. https://ig-zeitarbeit.de/sites/default/files/redaktion/artikel/2019/Block%20B_Forum%202_H%C3%A4der.pdf
[344] https://www.youtube.com/watch?v=2ysi2Bhbr9c

Die Fähigkeit, komplexe und unübersichtliche **Sachzusammenhänge** gedanklich analytisch zu durchschauen, ist aus verschiedenen Veranlagungs-Gegebenheiten oder z.B. fehlendem Reflexionsvermögen begrenzt, selbst dann, wenn sie in Bildern o.a. vereinfacht werden. Diese Tatsache kann im System einer Gesellschaft zu einer wichtigen Eigenschaft des politischen Handeln und des **kritischen Verfolgens** von politischen Erklärungen etc. werden, ja zur Erkenntnis führen, dass bereits bei der Erziehung und Bildung angesetzt werden muss.[345] So bleibt nicht aus, dass nicht wenige Menschen so manches nicht mehr verstehen und sich immer weniger einflussreich im Geschehen fühlen.[346] Sie ziehen sich zurück, z.B. auf das ihnen Verständliche, z.B. in Heimatvereinen. Die Kommunikation wird unvollkommener, weniger effektiv hinsichtlich einer wirklich gedanklichen Beteiligung, bei so manchem bleibt ein **Ge_-fühl der Unsicherheit**. Sie suchen sich auf andere Weise (politisch) bemerkbar zu machen.

Unsicherheit erzeugt den Wunsch nach einer Anlehnung an höhere Weisheiten. So kursiert In der Gesellschaft die Auffassung, dass **Experten** über ein überdurchschnittlich umfangreiches Wissen auf einem Fachgebiet oder mehreren bestimmten Sacherschließungen verfügen und demgemäß eine **Auskunfts-Autorität** seien. Je häufiger sie – z.B. vom Fernsehen für talkshows – öffentlich eingesetzt werden, desto eher sind sie Personen, die die öffentliche Meinung bestimmen und am „main-stream"[347] mitwirken. Ob sie wahre Experten sind, steht dahin[348], aus verschiedenen Gründen **glaubt** man **ihnen** und besonders dann, wenn kein Widerspruch sichtbar wird wie z.B. beim Streit von **Experten** über den **Klima-Wandel**.[349] *Fast niemand weiß wirklich viel über all die Prozesse, die den Klimawandel ausmachen. Insofern wird uns allen ein **Glaubensbekenntnis** abverlangt.*[350] Dabei kann man selbst nur lokales Wetter beobachten. Aber weil sich die Wissenschaft über die Schädlichkeit des atmosphärischen CO_2-Moleküls einig sei, seien sie diesbezüglich auch glaubwürdig. Das ist jedoch weder hinsichtlich der „Wissenschaftlichkeit" noch der „Einigkeit" richtig, wobei dies allenfalls auf die Ansicht zutrifft, dass der *Mensch zur Klimaerwärmung beiträgt*.[351] Die Politik benutzt die (unbewiesene[352]) Treibhaus-These (Erderwärmungstheorie) als Grundstein für Maßnahmen gegen einen bedrohlichen globalen Klimawandel, darunter die preistreibende **Energiepolitik**.[353] Dass hier eher ein Glauben statt einsichtige Vernunft herrscht, wird auch

345 http://www.mathematik.uni-dortmund.de/~prediger/veroeff/10-PM-Heft31-Vorstellung-Analysis.pdf
https://www.blikk.it/angebote/modellmathe/documents/MMM_Handreichung_Denken_in_funktionalen_Zusammenhaengen_V1.0.pdf Didaktik der Modellierung
346 https://www.velbrueck.de/out/media/978-3-934730-69-4.pdf Heidbrink, 2003 Verantwortung in komplexen Kontexten
347 https://de.wikipedia.org/wiki/Mainstream Mehrheitsmeinung
348 https://www.stupidedia.org/stupi/Experte
349 https://www.merkur.de/welt/wetter-experte-kachelmann-beleidigt-klima-forscher-heftige-kritik-zr-12922106.html
350 Boris Kotchoubey, 2019 Autorenplattform:
https://www.psychauthors.de/psychauthors/index.php?wahl=forschung&uwahl=psychauthors&uuwahl=p00799BK https://www.novo-argumente.com/
artikel/warum_ich_an_den_menschgemachten_klimawandel_nicht_glaube
351 https://www.achgut.com/artikel/missbrauchte_wissenschaft_und_stille_post Bernd Steinbrink 2019
https://kr.noxinfluencer.com/youtube/video-analytics/f8J8sb-4MVE
352 https://www.ingenieur.de/technik/fachbereiche/umwelt/wettersatelliten-widerlegen-treibhaus-these/
https://www.quarks.de/umwelt/klimawandel/so-eine-grosse-wirkung-hat-so-wenig-co2/ mit Kommtaren
https://correctiv.org/faktencheck/wirtschaft-und-umwelt/2019/08/14/doch-co2-emissionen-haben-einfluss-auf-das-klima hier: *25 % des CO2-Kreislaufs durch den Mensch aus den Gleichgewicht.*
353 Günter Ederer, 2011 https://www.welt.de/debatte/kommentare/article13466483/Die-CO2-Theorie-ist-nur-geniale-Propaganda.html https://nuoviso.tv/allgemein/heilige-kuh-klimawandel-prof-dr-werner-kirstein/

dadurch erhellt, dass man die globale **CO2-Konzentration** (in der Atmosphäre) nicht messen kann, sondern sie wird mit Aktivitätsraten und Emissionsfaktor unter Nutzung statistischer Wirtschaftsdaten des jeweiligen Territoriums (als homogen verteilt) berechnet, was wiederum heißt, dass jedes Land nur einen Anteil an der Gesamt- Emission des Menschen und auch einen zur Erniedrigung hat.[354] Nur eine weltweite Einigung kann hier bei den vertretenen Thesen der CO2-Be-grenzung weiterhelfen. Ein nationales Voreilen zum **Vorbild** für ein Nachahmen der von einigen Politikern verfochtenen Best-Idee der gegen den schädlichen Klimawandel abgeleiteten industriellen Maßnahmen endet womöglich in einer **desaströsen Energiepolitik.**[355] Die Qualität von Prognosen ist bekanntermaßen nicht immer richtig. [356] *Wenn wir nach den Vorstellungen verschiedener Politiker unser Klima vor zerstörender Erderwärmung retten wollen, muss der blinde Aktionismus gestoppt und die globale Strategie zur Beschrän*kung des Rohstoffangebots gefunden werden (Prof. Sinn).

Als soziales System sind ihre Individuen mit ihren **Kommunikationen** *und Einflüssen tätig, die von den Elementen (Individuen) ausgehen oder der Umwelt entstammen. Vorstellungen und Gedanken werden als Operationen des Bewusstseins in der Form von Kommunikation für die Gesellschaft relevant.*[357] *Fest zu stehen scheint, dass unser rationaler Verstand, unsere Logik und unsere Wissenschaftlichkeit offenbar nicht im Stande sind, uns den* **Glauben** *ganz auszutreiben. „Glauben gehört zum Menschsein dazu".*[358] Als aufgeklärte Wesen verbeugt sich ein Großteil der menschlichen Individuen vor den von der Wissenschaft verkündeten Lehren und Verkündungen, angefangen von Bedrohungen aus Krankheiten infolge Mikroorganismen-Befall bis zu den Errungenschaften der Astronauten im Weltall. Da Gase wie das CO2 nicht mit den menschlichen Sinnen erfasst werden, muss die Messtechnik und die Theorie die Wirkung von Kohlendioxid[359] ermitteln, aber daran sind nur wenige Forscher beteiligt, die Mehrheit in der Bevölkerung muss es übernehmen, muss **glauben**. Für den Glaubenswandel kann die Voraussage eines Weltuntergangs herangezogen werden, so wurde einmal der Kältetod vorausgesagt, jetzt die Erwärmung auf „höherem" wissenschaftlichen Niveau, wenn auch mit Erkenntnis-Lücken.[360]

Der Austausch von Informationen und ihre Akzeptanz sowie Umsetzung erzeugen einen steten Wandel der Ansichten und Überzeugungen bei den Menschen. Ob die Meinung bei den einzelnen Individuen selbständig und unabhängig erfolgt, ist unklar, seine Neigungen nach

---

354   https://www.umweltbundesamt.de/themen/klima-energie/klimaschutz-energiepolitik-in-deutschland/treibhausgas-emissionen/wie-funktioniert-die-berichterstattung

355   https://tinyurl.com/swa3mj4 Hans-Werner Sinn http://www.hanswernersinn.de/de/themen/Energiewende https://weiterlesen.de/Leseprobe/Der-Untergang-des-Abendlandes-infolge-nicht-optimalen-Nutzens-menschlicher-Veranlagung-zum-Denken/9783746929606/html Adalbert Rabich Verlag: Tredition

356   https://link.springer.com/chapter/10.1007%2F978-3-658-03002-5_6 https://www.hk-bud.de/qualitaet-von-prognosen/ 2014 Holger König Beispiele https://utopia.de/klimawandel-prognose-2050-142678/ https://tu-freiberg.de/sites/default/files/media/interdisziplinaeres-kologisches-zentrum-6414/klimawandel_klimaschwindel_web.pdf Hier S. 15 über EIKE ein ungeprüfter negativer Hinweis

357   https://www.hausarbeiten.de/document/55602 S. 16

358   https://www.zdf.de/gesellschaft/precht/richard-david-precht-im-gespraech-mit-feridun-zaimoglu-zum-100.html

359   https://www.chris-frey-welt.de/fremdbeitraege/wahrheit-co2/ https://de.wikipedia.org/wiki/Patrick_Moore_(PR-Berater) https://kaltesonne.de/digital-eliminiert-greenpeace-loscht-mitbegrunder-patrick-moore-aus-ihrer-chronik/ https://tinyurl.com/qsxmxes

360   https://www.geo.de/natur/oekologie/7668-rtkl-klima-mythen Bernd Pötter Halbwahrheiten

entscheidet er über die Wichtigkeit der einzelnen Frage auf sein persönliches Leben, die Pluralität des Glaubens im „Volk" ist ein Merkmal der Erreichung des kulturellen Evolutionsgrades. Die Notwendigkeit zu glauben ergibt sich aus der Unvollkommenheit des Menschen, er braucht Gemeinschaft, er braucht geistig-seelische „Vorbilder". Unterstützer.[361] Nicht wenige Individuen benötigen Gleichgesinnte oder mindestens solche, deren Meinung er sich anschließen kann.[362]

Wenn sich das **Individuum** in eine **Masse** Gleichgesinnter einordnet und sich gefühlsmäßig in und mit ihr mächtig fühlt, koordiniert es sich im Unbewussten mit ihr und ist so beeinflussbar. Das Individuum gibt einen Teil seines Ichs an die Masse Angehöriger ab, seine Intelligenz und Ansicht verliert an Bedeutung. Das geht so weit, dass das Reaktionsverhalten des Einzelnen auf äußere Ereignisse sich der der Masse unterordnet, er deren Ansichten übernimmt. Je nach Ausprägung der Massenzugehörigkeit werden sogar die eigenen moralischen Grundsätze verformt. Diese empirischen Feststellungen fasste erstmals Le Bon 1895 als **massenpsychologische Erkenntnisse** zusammen.[363] Heimatvereine sind in der Regel[364] keine Masse, gerade wegen ihrer kleinen Zahl stellen sie eine feste Größe im Dorfleben dar; sie geht im Kern von den Aktivitäten einiger aus. Für die Mehrheit der Mitglieder von Verkehrs- und Heimatvereinen ist die Kommunikation untereinander wichtig, jedoch auch das Erscheinungsbild in der Öffentlichkeit. Deshalb arbeiten sie ehrenamtlich in Stadt und Land daran, organisieren örtliche Feiern usw.[365]

Ein wichtiges Strukturmerkmal der Gesellschaft sind die **Machtbeziehungen** und ihre Nutzung, z.B. um den Informationshorizont des Individuums oder der Abhängigen einzuschränken und im Inhalt zu lenken. *Die Benutzbarkeit des Verstandes ist zwar eine Bedingung für das Entscheiden, aber das Freimachen von Gefühlen, von tief im Innern ruhenden Fremdeeinflussungen wäre notwendig für die Abwehrfähigkeit propagandistischer Versuchungen. Aber das ist eben nicht überall und immer der Fall.[366] Ehe man eine eigene Position im Leben einnehmen kann, muss das Individuum den Zustand des Selbstvertrauens, der Selbstbehauptung und der Selbstwertschätzung erreichen. Man muss gewissermaßen sein eigenes Ich kennen und schätzen lernen, ehe man sich selbst in der Gemeinschaft, der Gesellschaft ortet, seinen **Standpunkt autonom** – ggf. mit Zivilcourage – vertreten kann, nicht in der Masse untergeht.[367]*

[361] https://www.grin.com/document/109482 Peter Meisel Glaube als Notwendigkeit des Politischen. 2005
[362] https://www.grin.com/document/337402 Adalbert Rabich, Meinungsbildung, 2016
        https://tradition.de/autoren/adalbert-rabich-23467/das-individuum-paperback-102118/ 2018
[363] https://tinyurl.com/yafqvkkr A. C. Lenz, Vergleich der Begriffe Masse bei Le Bon und Canetti. 2015
        https://www.uni-oldenburg.de/.../user.../Meyer_-_Disziplin_und_Leidenschaften.pdf
[364] Beispiel Münsterland 140 Vereine   https://tinyurl.com/ygt42n5u
[365] https://taz.de/Politische-Kultur-in-Sachsen/!5468538/
[366] https://tradition.de/autoren/adalbert-rabich-23467/das-individuum-paperback-102118/ Kap. 1.
[367] https://www.grin.com/document/144175 Karin Ulrich, TU Darmstadt 2010

Religiöser Fanatismus und moderne ökologische Bewegungen.

Unbestritten ist, dass die Individuen in einer Population auch in ihrem Handeln heterogen verteilt sind und sich gemäß ihren Neigungen und Interessen verschieden engagieren, soweit sie es denn können.[368] *Über 30 Millionen Bürgerinnen und Bürger in Deutschland engagieren sich freiwillig und unentgeltlich für gesellschaftliche Belange. Dieses Engagement hat eine große Bedeutung für den gesellschaftlichen Zusammenhalt. Es ist ein Grundpfeiler der Demokratie, sichert Freiheit, schafft Lebensqualität und prägt den Gemeinsinn.*[369] Die Politik erwartet zuweilen sogar einen besonderen Beitrag der Helfer, z.B. bei der Verwirklichung von sogenannten Klimazielen, d.h. einer Beteiligung an der Idee-Schöpfung menschengemachter globaler irdischer Erwärmung[370], aber wer spricht nun für wen? *Ich sehe jedenfalls keine demokratisch vertretbaren Mechanismen innerhalb der Zivilgesellschaft, die eine solche Anerkennung und Legitimierung organisieren könnten.*[371] Also werden Demonstrationen organisiert, an denen Gutgläubige sich an der phantastischen Idee, die Erde vor dem Untergang zu retten, engagieren, womöglich bis an die Grenze des **Fanatismus**.[372]

Ein besonderes Engagement und erhöhter Eifer zeichnen manche Menschen aus, erkenntlich in bestimmten Situationen wie der der Begeisterung bei Fußballspielen, wo die zahlreichen Zuschauer als Fans zu betrachten sind: sie haben eine soziale Beziehung zum **Fanobjekt**, können hierfür überdurchschnittliche Leidenschaft entwickeln und investieren womöglich in diese Sache.[373] Anlass, Fan zu werden, gibt es eine ganze Reihe – auch bei musikalischen Großveranstaltungen -, extreme Fans sind eine Ausnahme; sie bleiben auf der Erde, es ist für sie eine spezielle persönliche Angelegenheit. Jedoch gibt es Besonderheiten. So erinnert sich der Verfasser an einen historischen Fall, wo die Hitlerjugend antreten musste, um den Duce Mussolini auf der Fahrt von Berlin nach Rom ein paar Hundert m von der Bahnlinie im Halbdunkel des Tages antreten musste, um ihm zuzujubeln, wo sich das einzelne Individuum plötzlich **isoliert und angefeindet** sah mit dem Gefühl, wegen des Denkens „für so etwas blöd- und widersinniges zu jubeln" niedergemacht zu werden.

Die **Heimat- und Wandervereine** setzten sich bereits seit Beginn der Industrialisierung, der Verschandelung der Landschaft durch Hochspannungsmaste usw. ein. Ihre Heimatverbundenheit machte sich zunächst im **Naturschutz** bemerkbar, so protestierten sie z.B. gegen die Wälderzerstörung[374], jedoch konnten sie nicht verhindern, dass sie im 20. Jahrhundert von einer fanatischen Politik – soweit dies möglich war - genutzt zu werden; so wurden sie im Krieg „Heimatfrontler".[375] In den heimatgeschichtlichen Blättern wird darüber berichtet.

Sich freiwillig einer **guten Sache** zu widmen, gar einem höherem Wert zu dienen, scheint den übrigen Teilnehmern einer Gesellschaft gegenüber lobens- und nachahmungswert, wenn das tatsächlich der Fall ist und keine weitere Alternative entdeckt wird oder werden kann *Warum entwickelt ein Individuum eine innere Einstellung, die man präfanatisch nennen könnte, und*

---

[368]   https://link.springer.com/chapter/10.1007/978-3-322-93263-1_6 Sebastian Braun 2002
[369]   http://dip21.bundestag.de/dip21/btd/18/118/1811800.pdf
[370]   https://kpkrause.de/2019/11/29/die-geburt-einer-genialen-idee/
[371]   https://www.boell.de/de/2015/10/19/die-rolle-der-zivilgesellschaft-der-klimapolitik B. Unmüßig 2015
[372]   http://www.psychosoziale-gesundheit.net/pdf/faust1_fanatismus.pdf Hole-Fanatismus.doc
[373]   https://www.planet-wissen.de/gesellschaft/psychologie/fans/index.html
[374]   https://tinyurl.com/r3adlsg
[375]   https://tinyurl.com/ulf8zh9 S. 442- 445

die dann in einem bestimmten historischen und sozio-ökonomischen Zusammenhang zum **Fanatismus** *wird? Jeder von uns hat schon Fanatiker getroffen, und jeder von uns hat sich schon gefragt, wie ein Individuum sich derart extreme Positionen aneignen kann. Die Untersuchungen über den Nazismus und seine Handlanger haben gezeigt, dass es oft sehr durchschnittliche Menschen waren, die dann zu eifrigen Exekutoren, sozusagen zur "Infanterie", fanatischer Ziele geworden sind. Jeder Fanatismus baut auf einem* **System** *auf, das beansprucht, es sei im Besitz der* **einen und einzigen Wahrheit***, sei es im Namen einer Gottheit oder einer anderen vergleichbaren Autorität (heute oft der Wissenschaft) Die Tatsache, sich "im Besitz der Wahrheit" zu befinden, oft einer simplem* **Pseudo-Wahrheit***, welche die anderen nicht zu besitzen scheinen, gibt ein* **Gefühl** *der (anscheinenden)* **Überlegenheit***. Jeder Widerspruch wird weggewischt; in fanatischen Religionen nennt sich dies "Opfer des Intellekts", aber auch* **politische Ideologien***, können die Notwendigkeit einer Analyse der Realität zu Gunsten eines Glaubenssystems verwerfen. Wie oft wurde nicht eine empirische Wissenschaft durch einen derart autoritären Akt ersetzt, in der Kirche (Galilei) wie in der Politik[376] Aber auch andere Ideen, wie z.B. in unserer Zeit die Idee der Privatisierung als absolute Notwendigkeit, können emotionell zu einem ideologischen Allheilmittel aufgebläht werden.* [377]

Der Mensch hat seit jeher Vorstellungen und Ideen über das Wahrgenommene und er ist seit den Zeiten der sorgfältigen und vorurteilsfreien Forschung und Lösung von Problemen bemüht, deren **Richtigkeit** einzuschätzen, wozu er objektivierende Methoden entwickelte, um die Risiken einer Fehleinschätzung zu minimieren.[378] Nun ist nicht jeder in der Lage oder willens, seine Ansicht kritisch daraufhin zu untersuchen oder mindestens auf Plausibilität zu kontrollieren.[379] Dann bleibt ungewiss, ob die Ansicht der Wahrheit entspricht, äußert er diese jedoch mit der Unterstellung, sie sei wahr und entspreche objektiv der nachprüfbaren Realität, dann liegt eine Behauptung vor. Als Kriterien eines **Wahns** werden Irrealität des Aussageinhaltes, durch kein Argument korrigierbar, beim Aussagenden durch keinen Beweis widerlegt werden kann: es bleibt bei der **subjektiven Gewissheit**. Der Betroffene hält seine Aussage für schlüssig, logisch, für wahr, verteidigt sie, hält seine „Meinung" sogar für eine notwendige Hilfe (Tat).[380] Eine besondere Eigenheit zeigt sich in der Indizierung, er kann „anstecken", andere schließen sich dem Wahn an, zeigen sich „überzeugt"', weil die Ideologie z.B. eine goldene Zukunft, das Überleben verspricht. Aber Prognosen sind gedankliche Fortsetzungen der Vergangenheit in die Zukunft, sie leiden an dem Risiko der **Fehleinschätzung** infolge der Einbeziehung von vorgegebenen Zielen, Wunschdenken und unsauberer objektiver Arbeitsweise. Als Beispiel mag die Illusion 100%iger „alternativer" Energieerzeugung, wo eine einfache Überschlagsrechnung die **Irrealität** aufweist, angeführt werden. Auch *der* **Glaube***, dass wir in einer Welt leben, die bedroht wird von dem vielleicht wichtigsten, dem Kohlenstoff-*

---

[376] https://www.bookdepository.com/Klimawandel-Wahn-und-Wirklichkeit-Erich-Maier/9781627841979?ref=grid-view&qid=1575366870780&sr=1-218
http://web2.cylex.de/reviews/viewcompanywebsite.aspx?firmaName=dr.+erich+maier&companyId=13684076 Diplomingenieur

[377] https://www.lptw.de/archiv/vortrag/2003/haynal-andre-fanatismus-lindauer-psychotherapiewochen2003.pdf S. 4 André Haynal www.Lptw.de

[378] https://www.grin.com/document/2662

[379] https://de.wikipedia.org/wiki/Plausibilit%C3%A4tskontrolle https://www.wirkung-lernen.de/wirkungsanalyse/auswertung/praktische-schritte/

[380] https://www.imageberater-nrw.de/ib-kompetenzbereiche/psychologie/hintergrundwissen-wahn/

dioxid-Molekül entspricht nicht den heutigen wissenschaftlichen Erkenntnissen, hier wird politisch bedingt ziel-aktiviert.[381]

Die Gesellschaft scheint ein Resultat des Handelns von **Akteuren** zu sein, deren Zielsetzungen ungleich und nicht immer konform mit dem Sinnen der Menschen sind, Es kommt zu einer Ordnung, die oft als ungleich empfunden wird, wann ist das Individuum ein Objekt, ab wann ein realer Akteur? Wo steuert der soziale Wandel hin? Die Wanderungen von Individuen aus einst fest gefügten Länder-Ordnungen schaffen Probleme, z.B. von Heimatverlust und -aufbau.[382] Demonstrationen zeigen auf, dass die Kräfte im System nicht im Gleichgewicht sind. Derzeit kursieren Phrasen von einer Modernisierung[383], von neuer Wertegesellschaft und von Abkopplung gewisser Schichten, von einer Parallel-Gesellschaft, die sich im Wust der Informationsfluten außerhalb der eigentlichen Meinungsbildner. bewfindet[384] Nichts ist genau differenziert oder hinreichend klar.

Die **Gesellschaftsordnung** kann nach Merkmalen, nach Funktionen u.a. strukturiert sein, meist wird sie hierarchisch unterteilt, die „oben" beherrschen oder bestimmen die „unteren".[385] Es gibt die verschiedensten Gruppen oder Gesellschaftsteile, nicht alle in einer dynamischen Gesellschaft sind kriminell, verroht oder fanatisiert und auch nicht immer in gleicher Intensität. **Teile der Gesellschaft** lassen sich nur schwer oder gar **nicht regulieren**.[386] Sind Rechtspopulisten für eine echte Demokratie gefährlicher oder etwa solche, die einem Wahn verfallen und dabei die Oberhand gewinnen wollen. Nur zu natürlich ist, dass in Zeiten des Marktliberalismus alle in genügendem Maße teilhaben wollen, die meisten wollen eben nicht abgehängt werden. Aber dem steht entgegen, dass es jene gibt, die nicht abgeben wollen von den Fortschritten, und die, die andere „Ideale" oder das nach ihrer Meinung Bessere vertreten. Gerade wir in Deutschland wissen um die Machtverschiebungen in der Gemeinschaft, wofür alle in eine Art **Kollektivschuld**[387] der NS-Vergangenheit geraten sind. Als wesensverwandt zu einer homogenen Volksgemeinschaft Gehörige seien sie auch eine Schicksalsgemeinschaft, die aus der ***Mitverantwortung, wie er regiert wird***.[388] *Gruppenbezogene Menschenfeindlichkeit dürfe es nicht geben.*[389]

Dass ein Volk keine homogene Einheit ist, ist eigentlich jedem klar, es ist mehr eine historisch kulturelle Gestalt, eine politisierte Idee, die in der Verfassung der Bundesrepublik Deutschland in der Präambel festgehalten ist. Wenn man sich mit dem Begriff beschäftigt, dann changiert man eigentlich immer zwischen so etwas wie einer konkreten Definitionsebene und einer Bedeutungsebene, die in bestimmten Kontexten funktioniert.[390] Realpolitisch wer-

---

[381] https://www.eike-klima-energie.eu/2019/12/02/der-deutsche-weg-oder-der-co2-wahn-und-seine-folgen
[382] https://tinyurl.com/wocepte   https://tinyurl.com/wu63528
[383] https://www.degruyter.com/view/j/zfsoz.1988.17.issue-4/zfsoz-1988-0401/zfsoz-1988-0401.xml
https://www.degruyter.com/downloadpdf/j/zfsoz.1988.17.issue-4/zfsoz-1988-0401/zfsoz-1988-0401.pdf
[384] https://vu.fernuni-hagen.de/lvuweb/lvu/file/FeU/KSW/2017SS/33160/oeffentlich/33160-5-01-S1+Vorschau.pdf
[385] https://www.stupidedia.org/stupi/Gesellschaft   https://de.wikipedia.org/wiki/Gesellschaftsordnung
[386] https://www.sueddeutsche.de/politik/klimakrise-klimawandel-freiheit-werkstatt-demokratie-interview-1.4625111-2
[387] https://de.wikipedia.org/wiki/Kollektivschuld   Deutsche Reaktionen https://www.n-tv.de/politik/Die-Maer-von-der-kollektiven-Schuld-article10014216.html
[388] https://www.grin.com/document/305180   Jörg Muskat, 2014 Universität Bamberg
[389] https://www.faz.net/aktuell/politik/inland/angela-merkel-in-auschwitz-eigentlich-muesste-man-verstummen-16522499-p2.html   6.12.2019
[390] https://www.deutschlandfunk.de/ethnos-und-demos-das-volk-als-homogene-einheit.1184.de.html?dram:article_id=392381   Soziologe Armin Nassehi

den die nachgeordneten kollektiv gebunden, so z.B. als Deutsche. Parteipolitisch wählen entspringt einer sich vom Individuum gebildeten Meinung, die aus den zugänglichen Informationen gespeist wird, die vereinheitlicht werden kann, was wiederum Folgen hat.[391] Wählen ist politisch ein Wählen einer als akzeptabel angesehenen Partei.[392] Die dann in das Parlament Abgeordneten werden die Hüter der Demokratie, haben aber nicht immer den dafür notwendigen Kontakt zu den Wählenden oder zum „Volk", in dem es aber keine Durchschnittsbürger gibt.

Nach Alexis de Tocqueville[393] herrscht in einer **Demokratie** *eine Tyrannei der Mehrheit bzw. eine* **Tyrannei der Mehrheitsmeinung.** *Sie bewegt die Menschen dazu, sich in ihrer Meinung der Mehrheit anzuschließen, da die Demokratie eine Gesellschaft hervorbringt, die den Kollektivismus begünstigt.„... welches auch immer die politischen Gesetze sein mögen, die die Menschen in demokratischen Jahrhunderten beherrschen, man kann voraussehen, dass der* **Glaube an die öffentliche Meinung** *eine Art Religion, deren Prophet aber die Majorität sein wird." Bezogen auf die Umfragen ist hieraus zu schließen, dass empirisch gesehen Menschen dazu neigen die Meinung der Mehrheit unbewusst zu übernehmen.[394]* Dabei hat die **Regierung** bzw. der die Geschicke des Staates Bestimmende eine entscheidende Rolle.[395]

Ob alle mit ihrer Regierung zufrieden sind, ist unbekannt, jedoch geben Umfragen eben wieder, dass es eben nicht alle sind. *Vieles ist bei der Bundeskanzlerin unbekannt aus der einen Menschen prägenden Zeit, wieweit sie sich geistig-kulturell das Deutsche aneignete und verinnerlichte und welche Nähe sie zum „Volk" praktizierte,* was nichts damit zu tun, wie sie sich später unter Abwägungen später in Reden ausdrückt.[396] Sie wurde in einem undemokratischen Staat erzogen und dort politikkonform engagiert. Das bleibt nicht ohne langzeitige Wirkung, vor allem, wenn sich die Macht auf eine Person konzentriert und diese keine Haltung zeigt, für andere oder anderes offen zu sein.[397] Man kann sogar fähig werden, seine eigenen Gedanken zu verstecken.[398] Da ist eine Kontrolle und Mut der Abhängigen, hier zu widersprechen, notwendig. Zu behaupten, eine Lösung sei alternativlos, ohne das wirklich zu testen, und das zu akzeptieren, ist ein Anzeichen von Unterwürfigkeit.[399]

In Anbetracht der Pluralität im „Volk" sollte man erwarten können, dass die Informationsverbreiter (Medien) wie Fernsehsender auf Grund ihres Auftrages verlässliche und wahrheitsgemäße Informationen für die Öffentlichkeit, für die Bürger bereitstellen, aber sie beteiligen sich an der Kampagne einseitiger erwünschter Beeinflussung. gestützt durch Journalisten, die die Politik „richtig" verstehen.[400] Manche kritische Einwände sind mehr satirisch als rein

---

[391] https://tredition.de/autoren/adalbert-rabich-23467/das-individuum-paperback-102118/
[392] https://tredition.de/autoren/adalbert-rabich-23467/werden-wir-optimal-regiert-was-denkt-das-volk-darueber-paperback-109812/
[393] französischer Soziologe und Politiker des 19. Jhd.
[394] https://www.grin.com/document/231344 Zitat: Mehr Freiheit, 2005
[395] https://tinyurl.com/v2j6xws
[396] https://www.grin.com/document/316557 https://www.pressesprecher.com/nachrichten/die-psychologie-der-macht-428083947 Psychologe Michael Schmitz https://tinyurl.com/utd2pw
[397] https://www.perlentaucher.de/buch/roger-willemsen/das-hohe-haus.html
[398] Psychologe Torsten Milch https://tinyurl.com/wbyvzpw 2013
[399] https://www.welt.de/vermischtes/article159634026/Ich-bin-genauso-das-Volk-wie-andere-das-Volk-sind.html Psychoanalytiker Hans-Joachim Maaz 2016 https://www.focus.de/politik/videos/verhalten-der-kanzlerin-ist-irrational-rennomierter-psychiater-maaz-merkels-narzissmus-ist-gefaehrlich-fuer-deutschland_id_5235070.html
[400] Wolfgang Kaufmann, Preußische Allgemeine Zeitung v. 22.|11.2019 S.12 https://www.eike-klima-energie.eu/2019/11/26/die-unterdruecker-der-wirklichkeit/ Manfred Haferburg in Achguit

sachobjektiv. *Seit 20 Jahren vertieft ein Trommelfeuer von **Propaganda** die Unwissenheit über die Zusammenhänge der Energiewende. Im Ergebnis haben die meisten Menschen in Deutschland ein völlig verklärtes Bild über den Zustand der Energiewende im Kopf. Mit Kopfschütteln beobachten unsere Nachbarn, wie Deutschland eine Politik mit einem völlig unverständlichen Starrsinn weiterbetreibt. Die Politik hat sich mit der Energiewende in ein unlösbares **Dilemma** manövriert.*[401]

Volkstum und **Heimatliebe** sind Gewächse aus einer Gesinnung.[402] *Dort, wo Bindungen an Stabilität verlieren, wächst die Sehnsucht nach Heimat – das Bedürfnis nach Sicherheit, nach Verbindlichkeit, nach geistigen und kulturellen **Wurzeln**. Kulturelle Selbstvergewisserung und Weltoffenheit gleichermaßen zu fördern, darum geht es in der Europäischen Gemeinschaft.*[403]. *Verstehen, Verständnis, Verständigung: Das schafft Zusammenhalt in Vielfalt – ein friedliches Miteinander unterschiedlicher Interessen, Lebensweisen, Traditionen und Weltanschauungen in einem pluralistischen Deutschland, in einem geeinten Europa und in einer globalisierten Welt.* Eine schwierige und zeitlich mühevolle **Aufgabe**, weil Verstand und Gefühl ausgeglichen werden müssen, weil erbitterte Feindschaften und Kriege vergessen werden müssen, aus einer nationalen eine neue, eine europäische **Heimatverbundenheit** aufzubauen.

Das soziale Problem der Desintegration infolge Trennungen der Sinnhorizonte und Sehnsüchte in der Bevölkerung liegt offen vor uns. Schon die in den politischen Parteien geborenen Gegensätze einer möglichen Gemeinsamkeit entsprechen nicht der Repräsentation der Gedanken in den Köpfen der Wähler. Wo die Vertrauenswürdigkeit untergraben wird, kann ein Aufruf zur europäischen Gemeinschaft real nicht aufkommen, besonders dann nicht, wenn eine solche erzwungen wird oder werden muss.[404] Die Solidaritätsbereitschaft hat in einem Wohlfahrtsstaat ihre Grenzen. Es scheint auch ein Wertewandel im Fluss zu sein, *zentrale Werte unserer Gesellschaft wie Freiheit, Familie, Erfolg oder Selbstverwirklichung sind bei jeder Gruppe oder jedem Typen unterschiedlich gewichtet und werden mehr oder weniger wertgeschätzt.*[405] Ohne Sicht auf Werte fehlt den Menschen die Orientierung, aber bei den Menschen, die ihre physische Existenz zu sichern haben, kann das eine fixe Idee werden. Mehr als früher sind wir darauf angewiesen, praxisreife Werte anzuwenden. *Nur von Freiheit und Toleranz zu reden, genügt nicht. Die Erziehung zu Werten muss eine Brücke in den Alltag erlangen.*[406] Was ist dann zu tun, wenn eine Gruppe einen größeren Einfluss auf das Leben der zugeordneten Bevölkerung hat, muss man sich dann jeweils anpassen? Es wird von „**westlichen Werten**" gesprochen, aber wer weiß da richtig, was gemeint ist?[407]

[401] Manfred Haferburg in Achgut.com 28.10.2019 https://www.eike-klima-energie.eu/2019/11/25/gau-im-illusionsreaktor-das-10-punkte-desaster/
[402] https://de.wikipedia.org/wiki/Gesinnung
[403] https://www.zeit.de/2019/37/identitaet-heimat-kunst-erinnerungskultur-rechtspopulismus
[404] https://link.springer.com/chapter/10.1007/978-3-322-80766-3_11
[405] https://uni.com/redaktion/werte-und-wertewandel Maimilian Reichlin, 20126
[406] Paul Nolte, Freie Universität Berlin, Kinder brauchen Werte. https://bundesforum-familie.de/familie/wp-content/uploads/2014/07/BFF_2007_transkript_nolte_050607.pdf
[407] https://www.deutschlandfunkkultur.de/grundwerte-in-der-gesellschaft-westliche-werte-sind-nur.1005.de.html?dram:article_id=341006

Wir wissen, dass die Menschliche Gemeinschaft mit heterogener Wertepluralität leben muss. Kommen neue zur Gemeinschaft, so schafft dies Inklusions- und Exklusionsprobleme. Wenn die Politik nicht in der Lage ist, eine klare Zielvorgabe für das Denken und Handeln der Bevölkerung nahe zu bringen, wird sich dies in den Feldern der Erziehung, Arbeit usw. auswirken, besonders, wo die Globalisierung und Weltwirtschaft ständig neu gestaltet wird. Das Propagieren von Werten der Zukunft ist zwar notwendig, um die Realitätsaussichten zu erkennen, was schon bei dem anstehendem Komplex an **Werten** wie

> Achtung vor der Menschenwürde, Wahrung der Menschenrechte, von Minderheiten, Freiheit, Demokratie, Gleichheit, Rechtsstaatlichkeit.

äußerst schwierig wird, denn es fehlt derzeit weitgehend die konkrete **Inhaltsnorm**, jeder denkt sich seinen Teil. Die soziokulturelle Entwicklung ist erst am Anfang.[408] Was früher eindeutig eine Tugend war oder sittliche Pflicht, wird selbst von der Politik öfter duirchbrochen, wie soll sich da der kleine Mann verhalten?[409]

Ihm leuchtet nicht ohne Überwindung ein, dass er durch Zufall Deutscher sein soll und offen für eine Erweiterung der Gemeinschaft für die, die anderer Nationalität sind, offen dafür, dass sie hier durch Bekenntnis auf unsere Verfassung eine Heimat finden: wozu doch Arbeit vonnöten ist, ein An-sich-Arbeiten in die vorgefundene Kultur. Weil die Öffnung von Staat und Gesellschaft zur Globalisierung etwas Ungewisses ist, nimmt bei uns die Sehnsucht nach zeitgemäßem **Heimatgefühl** zu. Nach Meinung eines Autors (Wickert) wäre dazu notwendig, sich von Tabus, von einem Denken in Einheiten vom Vergangenem zu befreien, wie z.B. weg von einer überhöhten Nationalität hin zu einem (idealisierten) **humanem Staat**, so etwas durch mehr aktive (ehrenamtliche) Beteiligung am Staat. Eine moderne Nation besteht eben dabei nicht nur aus einem die Gemeinschaft fördernden „guten" Teil, sondern auch aus dem angrenzenden (bösem), was dann zu akzeptieren wäre.[410]

.

---

[408] https://www.wertesysteme.de/werte-glossar/werte-und-normen/ https://tinyurl.com/s6bes8n
[409] https://www.wissen.de/bildwb/normen-und-werte-leitlinien-fuer-die-gesellschaft
[410] Ulrich Wickert. https://www.piper.de/buecher/identifiziert-euch-isbn-978-3-492-05954-1 S. 205-208

Die Zukunft des Heimatgefühls.

Wir wissen nicht, welches Gefühl der Steinzeitmensch hatte, wenn er von der Jagd nach Hause in seine Höhle kam oder der als Ackerbauer seinen überdachten Schlaf- und Wohnplatz aufsuchte, aber auch heute noch ist die seelische Bindung an die Scholle und heimischer Natur ungebrochen – zumindest für einen Teil der Deutschen.[411] Die heute als Heimatgefühl benannte Emotion ist etwas mit dem Erleben des Menschen entstanden und im Bewusstsein aufgenommen. gewissermaßen mit dem Individuum gewachsen.[412] Hat man das nicht, dann hat man kein Verständnis dafür, will man es ablegen, so muss man es unterdrücken oder mit anderem überdecken, z.B. aktiv mit dem Willen aus Vernunftgründen.[413]

Das Heimatgefühl ist bei uns – trotz eines Nationalgefühls[414] - sehr verschieden, erst recht global von Landschaft zu Landschaft, von Volk zu Volk, weil die Staaten politisch unterschiedlich in der Meinung über ihre Gefolgschaft gesteuert oder parteilich beeinflusst werden. Die Meinungsmacht reicht bis in die Ebene des Heimatgefühls.[415] Nur die Gedanken sind nach wie vor frei, weswegen die Abweichungen von der herrschenden Auffassung gerade der Extremisten groß sein können.[416] Die entscheidende Frage lautet dann, wieweit wir die besonderen Auffassungen dulden und sie in die allgemeine Betrachtungsweise integrieren, beispielsweise darin, dass wir das Heimatgefühl als antiquiert, überholt und von niederem Wert einstufen.[417] Die Vernunft, der Verstand sagt uns, was der Grundwert Heimat in der Gesellschaft zu sein hat.[418] Heimatliebe ist Sinnliches und Glaube[419] zugleich und an den Menschen gebunden, es ist etwas, was man behalten sollte, auch wenn sich die Heimat in der Realität und in der Gesellschaft ändert.

Die Zukunft beschert uns neue und gravierende Probleme für die Gesellschaft, die Globalisierung rückt die Welt mit ihrer Überbevölkerung mit Hunger und Armut ins Blickfeld.[420] Allein die Ernährung und für die Anspruchsvollen der Wohlstand muss gesichert werden, die Bevölkerungsdichte wird immens, womit die Heimat, die soziale Ungleichheit kaum mehr vorstellbar ist. Die Vielfalt der etablierten Religionen, die z.T. krassen Unterschiede in Kultur und Sitten aufweisen, wird zu überbrücken sein, da ist die Integration von Flüchtlingen kaum noch mit normalen Mitteln bewältigbar. Man denke nur an die Terroristen, die keine Heimat, aber die Ziele von Herrschaft kennen. Deutschland soll sich öffnen für die allgemeinen Werte der Menschheit und sich der Überbewertung des eigenen verabschieden, aber wo ist denn die überhaupt, und wenn, nur in kleiner Minderheit, die z.B. ein Journalist als Gefahr sieht, *weil sie* – nach seiner Ansicht - *ein Kampfbegriff der Rechten geworden sei.*[421]

---

[411] https://www.youtube.com/watch?v=uSC5WBcKgV4
[412] https://www.dasgehirn.info/denken/emotion/auf-der-spur-der-gefuehle
[413] https://tinyurl.com/uouemz4
[414] https://www.cicero.de/innenpolitik/identitaet-und-herkunft-warum-die-liebe-zur-nation-ein-problem-ist
[415] https://www.cicero.de/innenpolitik/identitaet-und-herkunft-warum-die-liebe-zur-nation-ein-problem-ist
    https://tinyurl.com/v45ssug
[416] https://blog.mozilla.org/internetcitizen/de/2018/12/27/grosse-tech-firmen-koennen-bald-gedanken-lesen/
[417] https://lnv-bw.de/wp-content/uploads/2014/11/Potthast_Praesentation.pdf Präsentationen 8 und 19
[418] https://tinyurl.com/v9bodnv
[419] https://www.swp.de/suedwesten/landkreise/alb/glaube-und-heimatgefuehl-vereint-26847212.html
[420] https://www.welt.de/wissenschaft/umwelt/article13519338/Ueberbevoelkerung-ist-groesstes-Problem-der-Menschheit.html 2011 Die funktionalen Faktoren sind mit Unsicherheiten behaftet
[421] https://www.vorwaerts.de/artikel/malu-dreyer-ulrich-wickert-heimat-kein-begriff-rechten

Vita des Autors.

Vorfahren: Väterlicherseits[422] 9. bis 20. Jahrhundert: Bauern Thüringen/Grenze zu Hessen

Mütterlicherseits[423] 17. bis 20. Jahrhundert Oderbruch

Geboren 1926 in Berlin-Charlottenburg

Schulzeit bis zum humanistischen Abitur (Domgymnasium Merseburg[424]) 1943-1946

Militärzeit 1943 bis 1945 (Luftwaffenh./Kriegsmarine/amerikan. Kriegsgefangenschaft)

Studium Universität Halle 1945 – 1948 politisch anerkannter Flüchtling Ost nach West-Zone

1846 Berufskrank an Entwicklungsarbeit Organophosphat-Vergiftung[425]

Studium TH Braunschweig   1948 bis 1952 (Diplomingenieur)

Praktische Arbeit ab 1955 Konstrukteur, Konstruktionschef

Heirat 1958 in Osnabrück

Forschungsarbeit ab 1960 Battelle-Institut (Frankfurt/Main)

Forschung und Entwicklung in Stabsstelle eines Großkonzerns 1961 1966

Technischer Direktor eines mittelgroßen Unternehmens 1967 bis 1975 und weiter leitend

Forschung und Entwicklung in einem Entsorgungsunternehmen bis 1993[426]

Enteignung des Erbes Speditionsunternehmen in Weißenfels 1990[427]

Leitend in mehreren Arbeitsausschüssen, Arbeitskreisen usw.; breites Arbeitsfeld

Über 500 wissenschaftliche Veröffentlichungen (in Liste erfasst), z.T. im Internet

Umfangreiche Autobiographie im Stadtarchiv Dülmen.

---

[422] https://www.grin.com/document/212547
[423] https://www.wissenschaftlicher-verlag-berlin.de/media/Inhaltsverzeichnis/978-3-96138-026-8.pdf
[424] https://www.hausarbeiten.de/document/230113   https://www.grin.com/document/52489
[425] https://www.grin.com/document/119920
[426] https://www.grin.com/document/63861
[427] https://www.grin.com/document/52914